Wunder geschehen wirklich

Sr. Briege McKenna

Wunder geschehen wirklich

Sr. Briege McKenna

MIRIAM VERLAG

Originaltitel:
„Miracles do Happen“
Briege McKenna with Henry Libersat,
Servant Books, Ann Arbor
Michigan, 1987

3. unveränderte Auflage; Oktober 2009

www.miriam-verlag.de

Satz & Druck: Miriam-Verlag
Printed in Germany

ISBN 978-3-87449-352-9

Inhaltsverzeichnis

Erstkommunion

Geheilt und berufen

Pfingsten ist immer ein besonderer Tag für mich gewesen. Vor meiner Geburt betete meine Mutter um ein Mädchen, zu Pfingsten wurde ich geboren. Am Weihnachtstag 1959, als ich gerade dreizehn Jahre alt war, starb meine Mutter plötzlich. Als ich in dieser Nacht weinte, hörte ich eine Stimme sagen: „Mach dir keine Sorgen, ich werde für dich sorgen!" Ich verstand nicht wirklich, dass dies der Herr war, aber ich empfand Frieden. Am nächsten Morgen war mir klar, dass ich Nonne werden wollte.

Etwa anderthalb Jahre nach dem Tod meiner Mutter ging ich zum Mutterhaus des Ordens der Klarissinen in Newry, meiner Heimatstadt in Irland. Die Schwester, die mir öffnete, fragte: „Was kann ich für dich tun?" – „Ich möchte die Mutter Generaläbtissin sprechen", sagte ich. Nun brachte sie mich zu Mutter Agnes O'Brien. „Was möchtest du, Kind?", fragte mich die alte Nonne. „Ich möchte gerne Nonne werden", sagte ich. In diesem Augenblick kam die Äbtissin herein. „Wie alt bist du denn, Kind?" – „Ich bin vierzehn und ein bisschen", antwortete ich. Mutter Agnes, eine wirklich heiligmäßige Ordensfrau, erwiderte: „Wir können dich jetzt nicht aufnehmen. Das kanonische Recht würde es nicht gestatten. Komm später wieder."

Einige Monate später bat mich Mutter Agnes zu kommen und bei der Frau, die im Mutterhaus arbeitete, zu wohnen, obgleich ich noch nicht ins Noviziat eintreten konnte.

Um in den Konvent eintreten zu können, musste auch mein Vater erst die Erlaubnis erteilen. Mit ihm hatte ich überhaupt noch nicht darüber gesprochen. Eines Tages, Anfang Juni, ging ich zu ihm, als er auf dem Feld pflügte. Er kam an den Feldrand und setzte sich zu mir. Nachdem wir eine Weile geplaudert hatten, sagte ich zu ihm: „Papa, ich möchte Nonne werden." Er antwortete: „Also, wenn es das ist, was du möchtest, dann tue es, und falls es das Richtige ist, wirst du es schon merken."

Zwei Tage vor meinem fünfzehnten Geburtstag kam die Novizenmeisterin zu mir und teilte mir mit, ich solle an meinem Geburtstag in den Konvent eintreten. Sie bat mich, meinen Vater zu informieren, so dass er Zeuge werden könne. Mein armer Vater, der keine Ahnung von Nonnen hatte, schickte meinem Bruder in England ein Telegramm: „Komm schnell, Briege tritt in Konvent ein, vielleicht kein Wiedersehen mehr möglich!" Sechs Monate war ich Postulantin und wurde dann Novizin. Mein Vater kam zu den Feierlichkeiten. Als mir meine Haare abgeschnitten wurden und all die Löckchen fielen, sah ich meinen Vater weinen.

Als ich am 4. Dezember 1962 meine zeitlichen Gelübde ablegte, hatte ich meine erste geistliche Erfahrung: Während ich in der Kapelle kniete und auf meinen Aufruf wartete, sah ich Jesus – als guter Hirte gekleidet – auf mich zukommen. Er nahm meine Hand und sagte: „Komm mit mir."

Nach mehreren Versetzungen in verschiedene Häuser unseres Ordens bat mich Mutter Agnes, die schwer erkrankt war, zu ihr zu kommen und sie zu pflegen. Sie hatte großen Einfluss auf mein Leben. Sie besaß große Ehrfurcht vor den Priestern und betete beständig für sie. Obgleich sie nie nach Amerika kam, gründete sie unseren Konvent hier. Sie erzählte mir viel über das Heiligste Herz Jesu und beschwor mich, eine gute, heiligmäßige und im Geist glühende Nonne zu werden.

Heilung durch die Kraft des Heiligen Geistes

Im Jahr 1964 hatten sich starke Schmerzen in meinen Füßen entwickelt. Ein Arzt meinte, diese würden durch zunehmenden Senkfuß verursacht. Im Jahr 1965 diagnostizierte ein Fachorthopäde rheumatische Arthritis. Ich lag viele Monate in einem Krankenhaus in Belfast. Jeden Abend mussten die Schwestern meine Füße eingipsen, um eine Deformation zu verhindern. Dies war äußerst schmerzhaft.

Eines Tages rief mich Mutter Agnes an ihr Krankenlager. Sie war im Begriff, in das Krankenhaus zu gehen, denn – so sagte sie zu mir – sie würde nun sterben. Aber sie würde ständig für mich beten; und sie ermahnte mich wiederum, Jesus immer nahe zu bleiben.

Am 22. August 1967 legte ich meine ewigen Gelübde im Mutterhaus in Newry ab. Um diese Zeit meldete ich mich freiwillig für die Vereinigten Staaten. Ich weinte die beiden Wochen vor der Abreise viel – obgleich ich gehen wollte. Ich kam in Tampa, Florida, an und

Sr. Briege mit ihrem Vater am Tag des ewigen Gelübdes

begann im September dort in einem Kindergarten zu arbeiten.

Das Klima hatte einen schlechten Einfluss auf meinen Zustand, meine Arthritis verschlimmerte sich. Der Arzt meinte, er könne nur wenig für mich tun, würde aber verschiedene Medikamente ausprobieren, um festzustellen, ob sie mir helfen. Er verschrieb mir alle möglichen Arzneien. Seit 1968 wurde ich mit Cortison behandelt und nahm so viel, dass es wirkungslos wurde. Der Schmerz wurde zum Dauerzustand; als Nebenwirkung des Cortisons traten Gedächtnislücken auf. Ich weinte vor Schmerzen. Der Arzt meinte, es gäbe keine Hoffnung mehr für mich, ich wäre ein Fall für den Rollstuhl. Zu dieser Zeit konnte ich zwar noch gehen, aber langsam und schmerzhaft. Ich begann, eine große Dürre in meinem geistlichen Leben zu erfahren. Ich fragte mich sogar, ob ich wirklich an Jesus glaubte.

Von der Kraft des Evangeliums war ich nicht mehr überzeugt und glaubte nicht, dass Jesus mich heilen würde. Zwar meinte ich, dass, wenn ich nach Lourdes oder einem anderen Wallfahrtsort fahren würde, eine Heilung geschehen könne. Dass eine Heilung im gewöhnlichen Alltag geschehen könne, glaubte ich jedoch nicht.

Meine Seele dürstete nach dem lebendigen Gott, aber in Wirklichkeit kannte ich ihn nicht. Mit diesem Verlangen, den Herrn besser kennenzulernen, ging ich zu meinem ersten Gebetstreffen. Obwohl ich mich vor allem, was mit der Charismatik zu tun hatte, fürchtete, wurde ich davon angezogen, denn ich sah, dass die Menschen so zu Jesus beteten, als ob er unmittelbar anwesend wäre. Der Herr benutzte meinen geistlichen Hunger, um mich an sich zu ziehen. Ich sagte mir immer wieder: „Es muss doch noch mehr im Ordensleben und am Katholizismus sein!"

Ich bin gut darin gewesen, meine Gebete als eine Art Pflichterfüllung zu absolvieren. Aber es entstand weder Freude im Gespräch mit dem Herrn, noch war ich begeistert davon, über die Macht des Herrn zu sprechen. Immerhin sagte ich eines Tages vor dem Allerheiligsten: „Jesus, ich werde dich um jeden Preis finden!" Dies war der eigentliche Anfang meiner geistlichen Suche.

Während dieses Suchens nach einer tieferen Bedeutung meines Ordenslebens und einer tieferen, radikaleren Hingabe an den Herrn, schenkte mir Jesus – wie ich glaube – eine geistgewirkte Heilung. Im Dezember 1970 nahm ich an einer ökumenischen Veranstaltung in Orlando teil. Ich hörte Vorträge über die Kraft des Gebetes und die Macht des Heiligen Geistes. Ich erinnere mich daran, dass ich meine Liste all jener Dinge dabeihatte, die ich von Gott wollte – ganz zu meinen Bedingungen.

Auf diesem Gebetstreffen war auch ein Priester. Mit meiner Wunschliste vor Augen dachte ich: „Wenn dieser Priester für mich beten würde, würde ich gewiss all diese Dinge erhalten.“ Aber körperliche Heilung stand nicht auf dem Zettel. Als ob der Herr meine Gedanken gelesen hätte, sagte er zu mir: „Schau nicht auf den Priester, sieh mich an!“ Ich erinnere mich, dass ich auf die Uhr sah, bevor ich die Augen schloss: Es war vormittags, 9.15 Uhr am 9. Dezember 1970.

Mein einziges Gebet lautete: „Jesus, bitte hilf mir!“ In diesem Moment fühlte ich, wie eine Hand meinen Kopf berührte – ich dachte, es wäre der Priester, der zu mir herübergekommen sei. Ich öffnete meine Augen, es war niemand da, aber eine Kraft strömte durch meinen Körper. Es ist schwierig, dieses Gefühl zu beschreiben: Ich fühlte mich wie eine Banane, die geschält wird. Ich sah an mir herunter. Meine Finger waren steif gewesen, aber nicht verkrüppelt wie meine Füße. An meinen Ellenbogen hatte ich Geschwüre gehabt. Ich betrachtete mich: Meine Finger waren biegsam, die entzündeten Stellen waren verschwunden und ich konnte sehen, dass meine Füße in den Sandalen nicht mehr deformiert waren.

Ich sprang auf und rief: „Jesus, du bist hier!“ Als Jesus sich Thomas gezeigt hatte, konnte Thomas nur stammeln: „Mein Herr und mein Gott!“ Als Jesus sich mir an diesem Tag offenbarte, konnte ich nur sagen: „Jesus, du bist ja hier!“ Das war ein Schritt zum Glauben hin!

Seit diesem Tag litt ich nie mehr unter Arthritis und bin vollkommen frei von Schmerzen. Das war eine wunderbare Heilung, doch mein Inneres erfuhr die weitgehendere Veränderung. Durch die Charismatische Erneuerung erlebte ich das Ausströmen des Heiligen Geistes. Ich sah die Kirche in einem neuen Licht, so als ob ich die Feier der Eucharistie und das Sakrament der Versöhnung durch eine neue Brille sehen würde. Ich konnte nun Gottes große Liebe zu uns und alles, was er uns geschenkt hat, viel deutlicher erkennen. Und doch hatte ich immer noch eine Furcht, nämlich zu heilen. Ich hatte Angst vor dem Auffallenden. Als ich geheilt wurde, sagte ich zu mir: „Ich werde niemandem davon erzählen, dass ich geheilt worden bin, denn man wird damit sofort Heilungskraft verbinden. Man wird meinen, ich sei jetzt jemand, der aus dem Glauben heraus heilen kann. Außerdem geht es niemanden etwas an, also weshalb davon sprechen?" Das war in Wirklichkeit Selbstschutz. Ich sagte mir: „Ich kann mich doch nicht in irgendetwas dieser Art hineinziehen lassen! Ich bin ein angesehenes Mitglied eines strengen Ordens!"

Von Dezember 1970 bis zum Juni 1971 lebte ich in einer wunderbaren Erfahrung von Pfingsten. Und ich meinte: „Jesus, du konntest doch nicht erwarten, dass ich noch mehr tue! Hier stehe ich, unterrichte siebenundvierzig Erstklässler, gehe zu Gebetskreisen, leite eine Jugendgruppe und tue Dienst im Gefängnis." Ich rechtfertigte mich damit, auf Nummer Sicher gehen zu wollen. Ich wünschte mir den Respekt und die Zustimmung der Menschen.

So ging ich im Juni, am Pfingstsonntagabend, in unserem Konvent in Tampa in die Kapelle, um eine stille Pfingstanbetungsstunde zu halten. Da saß ich nun in unserem kleinen Gebetsraum und sprach in meinem Herzen: „Hier bin ich, Jesus!“ Etwa fünf Minuten saß ich dort, als sich plötzlich diese außergewöhnliche Stille auf die Kapelle niedersenkte – gleich einer Wolke, einem Dunst. Eine Stimme sagte: „Briege!“ Ich drehte mich zur Türe um, denn die Stimme klang so klar, als ob jemand in die Kapelle gekommen sei. Niemand war da, doch mir war deutlich bewusst, dass jemand anwesend war. Als ich mich wieder dem Tabernakel zuwandte, sagte die Stimme zu mir: „Du hast meine Heilungsgabe erhalten, geh und benutze sie!“

Als ich dies hörte, lief ein brennender Schauder durch meinen Körper. Ich erinnere mich, dass ich meine Hände betrachtete. Es war mir, als ob ich ein Stromkabel angefasst hätte. Diese brennende Empfindung ging durch meine Hände hindurch und wieder hinaus. Und dann entstand wieder eine tiefe Stille. Ich verharrte auf den Knien, sah zum Tabernakel auf und sagte: „Jesus, ich möchte keine Heilungsgabe, behalte du sie doch!“ Dann empfand ich Reue, nicht, weil es mir leidtat, was ich zu Jesus gesagt hatte, sondern weil ich gemeint hatte, Jesus könne überhaupt zu mir sprechen. Dann sagte ich: „Jesus, ich gebe dir das Versprechen, mit niemandem über all dies zu sprechen.“

Dies Pfingstfest war wirklich etwas Besonderes für mich, denn ich hatte den Heiligen Geist erfahren und gelernt, ihn um all seine Gaben zu bitten, die in der Schrift versprochen und in der Firmung empfangen werden. Das alles war mir jetzt wichtig geworden.

Am nächsten Morgen dröhnte beim Aufwachen eine Stimme in meinen Ohren: „Du hast meine Heilungsgabe empfangen, geh und gebrauche sie!" Als ich an diesem Tag ein Gebetstreffen im St. Josefshospital in Tampa besuchte, war ich versucht, einer Schwester von dem zu erzählen, was in der Nacht geschehen war. Als ich jedoch damit anfing, verlor ich den Faden. Obgleich niemand etwas ahnte, wurde ich aufgefordert, mit einem Kind zu beten. Jahre später erfuhr ich, dass das Kind durch dieses Gebet geheilt worden war.

Im Juli und August studierte ich in Los Angeles, Kalifornien, und ging dort zu Gebetstreffen, erzählte aber niemandem von der Gabe der Heilung. Der Herr selbst bestätigte aber meine Gabe durch zwei prophetische Erfahrungen: Auf einem abendlichen Gebetstreffen in der Pfarrei St. Angela Merici ergab es sich, das ich neben einem Priester der Episkopalkirche saß, einem älteren Herrn. Am Ende des Treffens reichten wir uns alle zum gemeinsamen Gebet die Hände. Nach dem Gebet wandte sich der Priester mir zu und sagte: „Schwester, ich habe bisher noch mit keiner römisch-katholischen Nonne gesprochen, aber ich habe eine Botschaft für Sie: Während wir beteten, hatte ich den starken Eindruck, dass Sie das Charisma der Heilung haben – und Sie wissen das, denn der Herr hat zu Ihnen in der Kapelle gesprochen." Ich antwortete dem Geistlichen: „Ich kann diese wirklich nicht annehmen, ich gehöre einem strengen Orden in Florida an", und legte ihm all meine Gründe dar. Er sah mich an und erwiderte: „Erzählen Sie mir doch, was in der Kapelle geschah!" Ich fragte mich im Stillen, woher er das wissen könne, ich hatte es doch keinem Menschen erzählt. Nun berichtete ich dem Priester alles, was sich in der Kapelle ereignet hatte, sagte aber auch, dass ich es nicht so einfach annehmen könne. Er sah mich nur an und meinte: „Jesus wird Sie nie zwingen. Er tut seinen Willen kund, aber Sie haben die vollkommene Freiheit, ihm zu folgen oder nicht." Damit wandte er sich um und ging weg.

Einige Tage später sprach ich in der Kirche nach der Messe mit ein paar Leuten. Eine Frau kam zu mir und sagte: „Schwester, ich kenne Sie nicht, aber als Sie zur Kommunion gingen, zeigte mir der Herr ein Bild, wie Sie bei einer Schlange von Menschen standen, die zu Ihnen gekommen waren. Und dabei sagte der Herr, dass Sie zu einem großen Heilungsauftrag berufen wären."

Trotz der vielen Menschen, die bestätigten, was der Herr in der Kapelle von Tampa zu mir gesagt hatte, lehnte ich weiterhin seine Einladung zum Heilungsdienst ab.

Der Besuch beim „Propheten“

Während dieser Zeit erzählte eine Gruppe von Damen, sie wollten einen Propheten aufsuchen. Ich hatte die Vorstellung, dass er mir vielleicht helfen könne – vielleicht ein Wort für die Zukunft? Der Prophet löste in mir ein schreckliches, unruhiges Gefühl aus. Er sah mich an und fragte, ob ich verheiratet sei. Er kann nicht viel über Nonnen wissen, dachte ich. Er stellte mir sehr ungewöhnliche Fragen – ich ließ ihn abblitzen. Er sagte mir nichts, was ich nicht schon längst wusste.

Zwei Wochen später kam eine mir bekannte Schwester in die Stadt, und ich erzählte ihr von meinem Besuch bei dem „Propheten“. „Ich möchte ihn kennenlernen“, sagte sie. Ich hätte klug genug sein sollen, ihr davon abzuraten und nicht wieder hinzugehen. Jedenfalls dachte ich: Wenn er auch mir nicht geholfen hat, vielleicht wird er ihr gut tun. Also ging ich mit ihr zu ihm.

Wieder fragte der „Prophet“, als er mich sah, ob ich verheiratet sei. Daraufhin antwortete ich, er könne wohl kein besonderer Prophet sein, da er nichts von katholischen Nonnen wisse, insbesondere, dass ich mein Leben Jesus übergeben habe. Er entgegnete: „Man müsste Ihnen den Kopf abschneiden!“, und fuhr mit seinem Finger rund um meinen Hals. Ich witzelte darüber und meinte: „Nein, viel ist eh nicht drin, aber ohne ihn wär's noch weniger.“ Er blieb dabei: Ich solle nicht Nonne bleiben, sondern etwas anderes mit meinem jungen Leben anfangen. Ich argumentierte weiter, während er fortfuhr, in meine Augen zu starren. Binnen einer halben Stunde hatte er mich klein bekommen, völlig verwirrt. Ich war jetzt davon überzeugt, dass die Menschen schlecht seien und ich keinem helfen könne. Ich zweifelte an meiner Berufung und der Existenz Gottes, was mir noch nie in meinem Leben passiert war. Innerhalb dieser kurzen Zeit wurde ich davon überzeugt, das Ordensleben aufzugeben. Ich ging in einer furchtbaren Verlassenheit weinend weg. Mir war nicht bewusst, dass ich mich in einer Auseinandersetzung mit Satan befand.

Als ich in meinen Konvent zurückkam, meinte die Schwester, die mit mir dort gewesen war, dies könne nicht von Gott kommen, dafür sei ich viel zu aufgeregt. Wenn es von Gott käme, wäre ich dagegen in tiefem Frieden. Ich sprach mit keiner Schwester über meine innere Unruhe und das Verlangen, das Ordensleben zu verlassen, weil ich befürchtete, es würde sie allzu sehr aufregen. Ich war allein – ohne jeden Beistand.

In dieser Nacht hatte ich eine entsetzliche Konfrontation mit dem Bösen. Ich konnte nicht schlafen, fühlte da, wo jener „Prophet“ meinen Hals berührt hatte, mich etwas würgen; um Hilfe schreien konnte ich nicht. Es war, als ob eine Kraft mich zu zwingen versuchte, Christus zu verleugnen und ihm den Dienst zu kündigen. Beten konnte ich nicht. Es war eine entsetzliche Erfahrung! Schließlich muss es mir gelungen sein, Jesus anzurufen, denn das Würgen hörte auf. Am folgenden Tag bemerkten die Schwestern, dass ich auffallend blass war. Ich erklärte nur, dass ich mich nicht wohl fühlte.

An diesem Tag fuhren wir für einen kurzen Urlaub nach San Francisco. Unterwegs wiederholte ich ununterbrochen: „Gott, bitte hilf mir!“ Ich rief zwar Jesus an, fühlte jedoch im Tiefsten, dass ich das Ordensleben verlassen müsse. In San Francisco angekommen, blieb ich in meinem Zimmer. Ich nahm die Bibel zur Hand und sagte: „Jesus, ich weiß, dies ist dein lebendiges Wort. Bitte, ich flehe dich an, sprich zu mir! Sprich zu mir besonders über meine Ordensberufung. Ist sie es, zu der ich bestimmt bin?“ Ich öffnete die Schrift, und die Worte wurden vergrößert, als ob jemand ein Vergrößerungsglas über sie hielte. Ich las den Abschnitt des hl. Paulus, 1 Kor 7,32-35, über die Entscheidung, ehelos für den Herrn zu leben:

„Ich wünschte aber, ihr wäret ohne Sorgen. Der Unverheiratete sorgt sich um die Sache des Herrn; er will dem Herrn gefallen. Der Verheiratete sorgt sich um die Dinge der Welt; er will seiner Frau gefallen. So ist er geteilt. Die unverheiratete Frau aber und die Jungfrau sorgen sich um die Sache des Herrn, um heilig zu sein an Leib und Geist. Die Verheiratete sorgt sich um die Dinge der Welt; sie will ihrem Mann gefallen. Das sage ich zu eurem Nutzen: Nicht, um euch eine Fessel anzulegen, vielmehr, damit ihr in rechter Weise und ungestört immer dem Herrn dienen könnt.“

Wunderbarer Friede und Freude kamen über mich, als ich diese Worte in der Schrift las. Von diesem Augenblick an wusste ich, dass ich der Versuchung und dem Angriff Satans ausgesetzt gewesen war. Außerdem jedoch ahnte ich, dass der Herr mich noch etwas anderes lehren wollte.

Ich besuchte eine charismatische Konferenz in Anaheim, wo Ralph Wilkerson, ein sehr beliebter Evangelist, sprechen sollte. Als ich zu ihm ging, um seine Bekanntschaft zu machen, gab er mir ein prophetisches Wort: „Schwester, Ihre Hände sind gesalbt für das Werk Gottes." Ich erwiderte, dass ich nichts von Propheten hören wolle. Da unterbrach er mich: „Schwester, Sie sind zu dem falschen Propheten gegangen", und erklärte, dass jener „Prophet" viele Menschen Gottes zerstört und viele Menschen aus der Kirche geführt habe. Hier bezeichnete jemand zum ersten Mal diesen Mann als einen „falschen Propheten".

Auf derselben Konferenz sprach ich mit einem katholischen Priester und erzählte ihm meine Geschichte. Seine Antwort lautete: „Schwester Briege, Sie brauchen mich nicht als Ratgeber. Ihre Anweisung haben Sie durch sein lebendiges Wort erhalten."

Bald darauf führte mich der Herr wieder zu dem Priester der Episkopalkirche, der mir gesagt hatte, ich hätte die Gabe der Heilung. Bei einem Gebetstreffen in seinem Haus erzählte ich ihm eines Abends von meiner entsetzlichen Erfahrung. Er sagte, jemand habe ihm erzählt, dass ich zu diesem falschen Propheten gehen wolle. Er habe mich davon abhalten wollen, um mich zu schützen. Aber Gott habe ihn veranlasst, sich nicht einzumischen, weil ich drei Lektionen hierdurch zu lernen hätte und weil Gott selbst mich behüten würde. Der Priester fühlte sich gerufen, für mich zu beten. Es waren vermutlich seine Gebete, die mich vor dem heftigen Angriff retteten.

Während der Priester noch sprach, wurde mir klar, dass ich tatsächlich drei Lektionen gelernt hatte: Zum einen hätte ich nicht zu einem „Propheten“ gehen sollen. Ich hatte versucht, in die Zukunft zu sehen; dies war wie Wahrsagerei, wie die Suche nach einem Götzen. Ich tat, was Gott in seinem ersten Gebot verboten hatte: Du sollst dir keine anderen Götter machen. Mein Leben muss in Gott seinen Mittelpunkt haben; ihm muss ich die Zukunft vollkommen überlassen. Er ist der Weg und ich muss mich ihm ganz anvertrauen.

Zweitens hatte ich den Unterschied zwischen „Verurteilen“ und „Unterscheiden“ zu lernen. Dass etwas falsch war, wurde mir schon bei meinem ersten Besuch beim „Propheten“ bewusst. Nur dachte ich, ich dürfe ihn nicht verurteilen. Ich hatte wohl die Anwesenheit von etwas Bösem gespürt, doch wusste ich nicht, was es war und vermutete, es könnte meine eigene Einstellung sein. Aus dieser Erfahrung lernte ich, dass ich um die Gabe der Unterscheidung der Geister bitten müsse.

Drittens lernte ich, dass meine Berufung nicht meine Gabe an Gott, sondern seine Gabe an mich war. Er hat mir diese Berufung geschenkt, um mich für sein Evangelium frei zu machen, nicht aber, um mich zu binden. Ich lernte, dass ich täglich dem Herrn auf Knien für diese Gabe zu danken habe.

Eine Närrin für Jesus

Auf dem Rückflug nach Florida kam mir in den Sinn, es könne kein purer Zufall sein, dass so viele einander unbekannte Menschen mir sagten, ich hätte die Gabe der Heilung. Ich war beim Stundengebet und las den Abschnitt über die Stillung des Sturmes (vgl. Lk 8,22-25). Es war, als ob der Herr zu mir sagte: „Du weißt, ich habe vollkommene Macht über die Elemente. Sie gehorchen mir. Du jedoch hast einen freien Willen. Du kannst wählen." Der Herr zeigte mir, dass er mich niemals zwingen würde.

Dann zeigte der Herr mir das Bild eines Hauses. Ich habe eine lebhafte Phantasie, durch welche der Herr, wie ich glaube, zu mir spricht. Bei diesem Bild befand ich mich in einem Haus und ein Mann klopfte an die Tür. Ich öffnete und – da er ein sehr netter Mann zu sein schien – bat ihn herein. Ich sagte zu ihm: „Sehen Sie all diese Räume. Fühlen Sie sich ganz wie zu Hause, Sie können in meinem Haus überall, wo immer Sie möchten, umhergehen!" Ich folgte dem Mann, als er durch alle Räume ging. Es gab viele und sie waren sehr hübsch. Plötzlich kam er an eine verschlossene Tür, daran stand in großen schwarzen Buchstaben: PRIVATEIGENTUM – EINTRITT VERBOTEN! Als der Mann sich zu mir umwandte, erkannte ich Jesus in ihm. Er fragte mich: „Briege, warum kann ich nicht in diesen Raum?" Ich antwortete: „Bitte komm, Jesus, sieh dir doch alles an, was ich dir gegeben habe. Ich möchte nur ein klein wenig für mich selbst behalten." In meiner Vorstellung hörte ich ihn sagen: „Du weißt, Briege, wenn du diese Tür nicht öffnest, wirst du nie wissen, was es bedeutet, wirklich frei zu sein."

Ich erinnere mich, dass ich bei diesem Bild verharrte und mich fragte, was wohl in diesem Raum sei. Der Herr sagte zu mir: „Ich zeige es dir." In dem Raum war mein guter Ruf, das, was die anderen über mich dachten. Ich wollte Jesus nicht in dieses Zimmer lassen, weil ich vor der Welt meinen guten Namen und mein Ansehen zu bewahren suchte. Ich wollte zwar Jesus folgen, jedoch mein Leben selbst bestimmen; keinesfalls wollte ich zum Narren werden. Alles, was mit dem Kreuz zu tun hatte, mit dem Tragen des Kreuzes, das kam nicht in Frage. Ich hörte Jesus zu mir sagen: „Ich dachte, du hättest mir dein Leben gegeben?"

Deutlich kamen mir die Worte meiner Gelübde ins Gedächtnis. Ich hatte versprochen, dem Herrn mein Leben zu übergeben für alles, was er im Orden der Klarissen von mir forderte. Ich sah mich vor der Generaloberin und dem Bischof knien und hörte mich die Gelübde sprechen. Zugleich hörte ich Jesus sagen, als er auf die verschlossene Türe wies: „Zu wessen Bedingungen hast du diese Verpflichtung ausgesprochen?"

Mir wurde klar, dass ich gesagt hatte: „Jesus, ich habe dich lieb und gebe dir mein Leben – aber zu meinen Bedingungen." Meinem Ordensleben würde so lange die volle Freude, Frieden, Stärke und Mut fehlen – alles, was er mir geben wollte –, bis ich jeden Teil meines

Lebens losgelassen hätte und bereit wäre, eine Närrin für ihn zu sein.

An jenem Tag sagte ich im Flugzeug: „Jesus, du weißt, dass ich unmöglich zurück nach Florida kommen und den Menschen dort sagen kann, ich hätte die Gabe der Heilung. Ich will das Beten übernehmen und du das Reden!"

Zurück in Florida nahm ich den Unterricht wieder auf, ging zu Gebetstreffen und erfüllte meine täglichen Pflichten. Nach zwei Wochen wurde ich in einem Gebetskreis gebeten, über meinen Aufenthalt in Kalifornien zu erzählen. Ich wollte gewiss nicht über das Heilen sprechen. Als ich mich jedoch erhob, sprang eine Frau auf und sagte: „Verzeihen Sie, Schwester, ich muss etwas sagen! Sie besitzen das Charisma der Heilung und Sie wissen es. Aber Sie machen sich mehr Gedanken über die Zustimmung der Leute als über den Willen Gottes!" Ich sah die Frau an und entgegnete: „Ich habe Sie noch nie in meinem Leben gesehen. Wer sind Sie?"

Sie hatte keine Ahnung davon, wo ich mich aufhielt, wurde aber vom Heiligen Geist in das Zentrum in Tampa geleitet, wo dieses Gebetstreffen gerade stattfand. Zu einer der Schwestern dort sagte sie: „Ich kam hierher, um nach der jungen irischen Nonne mit der Gabe der Heilung zu suchen." Die Schwester antwortete, dass sich hier in diesem Zentrum keine irische Nonne befände. Die Frau jedoch beharrte darauf und meinte: „Sie wird herkommen!"

Ich konnte mich nicht daran erinnern, diese Frau

jemals gesehen zu haben und fragte sie: „Woher wissen Sie denn, dass ich Irin bin? Hat der Heilige Geist Ihnen das gesagt?“ Ich wollte einen Scherz aus der ganzen Angelegenheit machen. Sie erwiderte: „Ich war mit Ihnen zusammen bei Exerzitien in Orlando.“ Sie war zugegen gewesen, als ich selbst geheilt wurde. Sie fuhr fort: „Sie wissen, dass Gott Sie für den Heilungsdienst gebrauchen will.“

Sie redete noch weiter, aber ich konnte nichts mehr hören. Ich geriet in Panik und dachte: „Oh Gott, was wird aus meinen Erstklässlern, was soll ich denn bloß machen?“ Aber gerade, als diese Gedanken durch meinen Kopf jagten, kam eine wundersame Ruhe über mich und die innere Stimme sagte: „Briege, warum machst du dir Gedanken? Glaubst du an dein Gehorsamsgelübde? Du weißt, ich gab dir dieses Geschenk des Gelübdes nicht, um dich zu binden. Ich gab es dir, um dich für das Evangelium frei zu machen. Ich war Maria und Josef gehorsam, ich gehorchte meinem Vater. Von dir erwarte ich Gehorsam deinen Vorgesetzten wie auch den Autoritäten der Kirche gegenüber. Und durch diese werde ich wirken.“ Sofort antwortete ich: „Gott sei Dank, jetzt ist es das Problem meiner Vorgesetzten!“ Dies zeigt, wie man das Gelübde des Gehorsams zu seinen eigenen Gunsten verwenden kann.

Ich sagte zu mir: „Also gut, ich werde die ganze Angelegenheit so darstellen, dass meine Mutter Priorin und die Statuten ‚nein‘ zu meinem Einsatz im Heilungsdienst sagen müssen.“ Zu meiner Vorgesetzten sagte ich: „Schwester, es gibt da eine Frau, die möchte einen Artikel über mich bezüglich der Heilungsgabe in einem Magazin veröffentlichen." Sie sah mich an und erwiderte: „Um Himmels willen, Briege, habe ja nichts mit Glaubensheilungen zu tun! Das ist viel zu sensationell!" Das war genau das, was ich hören wollte: „Keine Angst Schwester, ich werde darüber gegenüber niemandem auch nur ein Wort verlieren!"

Ich dachte mir, wenn je irgendjemand mich über die Gabe der Heilung befragen sollte, würde ich antworten, ich stünde unter dem Gehorsamsgelübde und meine Vorgesetzten wünschten nicht, dass ich darüber spräche.

Drei Wochen gingen vorüber und alles lief bestens. Ich tat so, als ob ich mir Sorgen um das Wohlergehen des Ordens und der Kirche machen würde. In Wahrheit aber beunruhigte mich Briege McKenna, ihr Sich-lächerlich-machen um Jesu willen, wenn sie eine „Glaubensheilerin" genannt werden würde. Ich bedachte nicht, dass auch Jesus ein Glaubensheiler war. Dann erhielt ich eine Einladung, auf der Versammlung eines Frauenvereins in einer Pfarrkirche zu sprechen. Ich wollte über das Gebet sprechen und hatte den Eindruck, dass ich ganze Arbeit leistete. Eine Stunde lang redete ich über das Beten, und erwähnte mit keinem Wort das Heilen.

Nun, nach zwei Tagen rief mich eine der Zuhörerinnen an und hatte den Wunsch, mit mir über Heilung zu sprechen. Ich war überrascht, da ich diese mit keinem Wort erwähnt hatte. Jedenfalls traf ich mich mit ihr und sie erzählte mir ihre tragische Lebensgeschichte: Sie hatte Selbstmord begehen wollen, aber die Umstände verhinderten dies. Dann erfuhr sie von meinem Vortrag und wurde neugierig. Als sie mich sah und hörte, war ihr gar nichts recht an mir. Sie fand mich zu jung, als dass ich etwas über das Gebet wissen könnte. Sie erzählte, wie sie aufgestanden und hinausgegangen war. Sie glaubte mir kein einziges Wort.

Auf dem Heimweg hatte sie wieder Selbstmordgedanken. Aber in der Nacht sah sie mich in ihr Zimmer kommen und neben ihrem Bett stehen. Ich stellte richtig: „Ich kam nicht zu Ihnen, ich war zu Hause in meinem Bett!“ – „Oh nein“, war ihre Antwort, „hier waren Sie, in meinem Zimmer, vergangene Nacht. Und ich konnte Sie nicht loswerden.“ Offenbar benutzte der Herr ein Bild, um diese arme Frau zu erreichen.

Sie erzählte mir, dass ich zu ihr sagte: „Warum glauben Sie denn nicht an Jesus?“ Und sie hätte mich sowohl bei geschlossenen wie mit offenen Augen sehen können, und wenn sie sich umdrehte, sei ich auf der anderen Seite des Bettes gewesen. Als ich dies hörte, dachte ich: „O Jesus, gebrauche mich, soviel du willst, aber lass mich nicht mitten in der Nacht durch die Häuser geistern.“ Da antwortete Jesus: „Aber ich dachte, du hättest selbst gesagt, wenn ich das Reden übernehme, wolltest du das Beten besorgen?“ Diese Frau war völlig verzweifelt gewesen. Nun hellte sich ihr Gesicht auf und sie fragte: „Glauben Sie, dass Gott mir womöglich helfen könnte?"

Kurze Zeit darauf bekam ich die Grippe. Diese Frau rief mich an und empfahl mir, mein Vertrauen auf Gott zu setzen, er würde mir helfen. Nur zwei Wochen zuvor hatte sie mit Selbstmordgedanken gespielt und nun half sie mir! Der Herr hatte tatsächlich ihr Leben angerührt, sie war vollkommen verändert und kehrte in die katholische Kirche zurück. Zu dieser Zeit sagte ich mir: „Briege, Mutter Oberin hin oder her. Du musst den Herrn suchen und seinen Willen tun!"

Also ging ich zu einem Priester, einem fähigen, intellektuellen Schriftkenner. Ich wollte nicht zu jemandem aus der Charismatischen Erneuerung gehen, aus Angst, dass dieser zu enthusiastisch sein und einfach nur sagen würde, ich solle der Leitung des Heiligen Geistes folgen. Als ich diesem Priester meine Geschichte erzählt hatte, antwortete er: „Wissen Sie, wenn ich Gott wäre, würde ich Sie aufgeben. Wie viele Male wollen Sie noch, dass Jesus Ihnen seinen Wunsch enthüllt? Das einzige, was der Herr benötigt und um was er Sie bittet, ist, dass Sie wie Maria ‚ja' sagen. Gott respektiert seine Kinder und er bittet sie nur, seinen Willen zu tun. Sie selbst haben keine Macht, und so hat es nichts mit dem zu tun, was Sie vollbringen können. Der Herr erbittet von Ihnen, dass Sie bereit sind, ‚ja' zu sagen und sich von ihm als sein Werkzeug gebrauchen zu lassen."

Ich antwortete: „Aber Herr Pfarrer, wie kann ich wissen, wann ich beten soll? Ich kann doch nicht einfach zu einem Kranken gehen und ihm sagen, dass ich für seine körperliche Heilung beten kann!"

Der Pfarrer lächelte mir zu und erwiderte: „Schwester, Sie müssen das niemandem sagen. Wenn Jesus Sie in diesen Dienst der Heilung gerufen hat, dann wird er Sie zu den Menschen bringen und die Menschen zu Ihnen. Um es ganz deutlich zu sagen: Körperliche Heilung ist nur ein Aspekt der Heilung. Es gibt auch die Heilung der Gefühle, die der Erinnerung; aber die größte aller Heilungen ist die des Bewusstseins." Zum Abschied gab er mir die Hand und meinte: „Schwester, gehen Sie heim in Ihre Kommunität und leben Sie Ihr gemeinschaftliches Leben. Tun Sie, wozu Sie als Klarissin berufen sind, und wenn dieser Ruf von Gott kommt, wird er Ihnen den Weg bereiten."

Geistliche Heilung

Während der nächsten sechs Monate war ich der Zweifler. Menschen wurden geheilt und trotzdem konnte ich nicht glauben, dass Jesus durch mich heilen würde. Ich dachte, dass ich zuvor absolut verändert und vollkommen werden müsste, bevor er mich gebrauchen würde. Der Herr musste mich jedoch noch mehr lehren. Ich hatte zu lernen, was er als die schwerste Krankheit betrachtete.

Eine Dame stand bei einem Gebetstreffen auf und erbat Gebete für jemanden, der sowohl blind als auch gelähmt war. Meine unmittelbare Reaktion war:

„Blind und zugleich gelähmt – das ist eine zu große Aufgabe für mich, Herr!“ Ich fing ja erst an und ich begriff immer noch nicht, dass ich ja nur das Werkzeug war. Der Herr sagte mir, ich solle gehen und mit der kranken Frau beten. Das tat ich auch. An ihrem Fall erkannte ich, dass Krankheit zweierlei mit sich bringen kann: Sie kann mich zu einem Heiligen machen oder verbittern, je nach Einstellung und Bereitschaft zum Gebet.

Als ich zu ihr kam, war die Frau sehr verärgert, sie hatte jede Hoffnung auf Gott aufgegeben. Als ich meine Hand auf sie legte, sprach ich ein kleines Gebet mit ihr und fühlte dann wieder dieses Stechen wie von Nadeln und Nägeln, genau wie damals in der Kapelle, als mir die Gabe der Heilung gegeben wurde. Während des Betens dachte ich: „Nun Briege, versprich dieser Frau nicht, dass sie gesund werden wird. Du weißt, das ist alles nur psychologisch und sie würde enttäuscht sein. Dieses Prickeln in den Händen ist nur Einbildung.“ Ich sprach mit ihr zusammen ein Gebet, von dem ich damals meinte, dass es ein ganz harmloses Gebet sei und nichts bewirken würde.

Nach ein paar Tagen ließ sie mich zu sich rufen. Sie erzählte mir, dass sie recht skeptisch mir gegenüber gewesen sei. Keine Nonne habe jemals so mit ihr gebetet, und als ich meine Hände auf ihren gelähmten Arm gelegt hatte, meinte sie, ich hätte sie mit Nadeln gestochen, um Eindruck auf sie zu machen. Sie hatte ein Strömen durch ihren Arm gefühlt. Mitten in der

Nacht bekamen ihre Arme ihre normale Kraft zurück. Einige Tage später erhielt sie ihr Augenlicht wieder.

Die geistliche Haltung jener Frau änderte sich vollkommen. Der Herr lehrte mich, dass die innere geistliche Haltung viel wesentlicher ist. Wenn der Geist nicht geheilt wird, wenn jemand nicht näher zu Jesus gebracht wird, was hat das dann für einen Sinn? Es ist wie bei dem Mann, der durch das Dach zu Jesus heruntergelassen wurde, so dass der Herr ihn heilen konnte (vgl. Mk 2,1-12). Erst sagte Jesus zu ihm: „Deine Sünden sind dir vergeben", und dann heilte er ihn körperlich. Es ist viel wesentlicher, von der Sünde geheilt zu werden. Das ist die schlimmste Krankheit.

Zu Hause in Irland

Im folgenden Sommer, 1972, ging ich nach Irland. Die Neuigkeiten über meine Sendung waren dorthin gedrungen, obgleich ich niemals über die Heilungsgabe sprach, weil ich empfand, dass nur das, was ich tat, zählte und nicht das, was ich sagte. Der Vater einer Freundin kam zu mir und meinte: „Ich glaube nicht an diese ganze Heilungsgeschichte, aber eine befreundetet Frau liegt im Krankenhaus und ein Gebet würde bestimmt nicht schaden."

Ich ging also ins Krankenhaus und betete für jene Frau, die – an Krebs erkrankt – im Sterben lag. Der Arzt hatte gesagt, es gäbe keine Hoffnung mehr. Als ich hinausging, bemerkte ich einen bedauernswerten Mann, der an Gürtelrose litt, und betete auch mit ihm. Jene Frau ging nach ein paar Tagen vollkommen gesund nach Hause. Bei der Nachuntersuchung konnten die Ärzte keine Anzeichen von Krankheit mehr bei ihr feststellen. Und der Mann mit der Gürtelrose war ebenfalls geheilt.

Die Stadt war in Aufruhr und suchte nach der heilenden Nonne. Leute riefen an und suchten mich auf. Jedes Mal, wenn sie eine Ordensschwester im braunen Habit sahen, liefen sie hinter ihr her. Mein Vater meinte dazu: „Weißt du, du betest genug in Amerika. Ich nahm an, du würdest hier Urlaub machen.“ Manche Leute, die meinen Vater auf dem Feld arbeiten sahen, pfiffen und riefen ihm nach und wollten wissen, wo sie Schwester Briege finden könnten. Er bemerkte mir gegenüber: „Meine Güte, Briege, du hast aber eine Menge Freunde!“

Ich war sehr oft bei meiner Tante Lizzie und manchmal parkten etwa 60 Autos vor ihrem Haus. Wenn ich bei ihr zu Besuch war, kam sie einfach nicht zu ihrer Hausarbeit vor lauter Leuten, die vorbei kamen, nach mir fragten, und sie mit ihren vielen Krankheiten bekannt machten. Tante Lizzie sagte dann oft: „Mein Kopf platzt bald von all diesen Gebrechen!“

Kurz nach der Heilung der krebskranken Frau und des Mannes mit der Gürtelrose betete ich in der Kathedrale von Newry. Ich machte mir viele Gedanken: Lenke ich die Aufmerksamkeit auf mich, weil so viele Menschen über mich sprachen und mich aufsuchten?

Manche warnten mich: „Sieh dich vor, du könntest in Schwierigkeiten geraten. Wie du weißt, hat der Bischof keine Ahnung hiervon. Was wirst du tun?" So saß ich in der Kathedrale und betete: „Sieh doch Jesus, ich bin zu Hause auf Urlaub, ist es dein Wille, dass ich all dies tue? Ich möchte nichts gegen deinen Willen tun!" Und ich bat ihn, mich zu lehren, wie ich für die Menschen beten solle.

Währenddessen kam ein alter Mann in die Kirche. Er kniete auf der anderen Seite der Kirche nieder. Kurz darauf rief er zu mir herüber: „Schwester, würden Sie bitte für mich beten?" Er hielt seinen Arm hoch: „Ich bin vom Fahrrad gefallen und habe mein Handgelenk verletzt." Ich rief ihn zu mir und fragte: „Haben Sie von mir gehört?" Er verneinte: „Nein, ich habe nur gesehen, dass Sie eine Ordensschwester sind, und mir gedacht, dass Sie ein Gebet für mich sprechen könnten." Ich tat dies, und er versprach, ein Gesätz des Rosenkranzes für mich zu beten. Er ging zurück zu dem Platz vor der Statue der Jungfrau Maria. Ich konnte hören, wie er den Rosenkranz betete. Mittendrin unterbrach er, sah zu mir herüber und sagte: „Mein Gott, was für ein machtvolles Gebet! Könnten Sie es mir aufschreiben? Die Schmerzen und die Schwellung sind weg!" Ich hörte den Herrn sagen: „Siehst du, ich brachte einen Mann von der Straße herein. Deshalb schickte ich dich nach Hause: um mein Volk anzurühren." Das beantwortete meine erste Frage.

Als Nächstes zeigte mir der Herr das Bild eines riesigen rosa Telefons über dem Tabernakel. Ich dachte, dies sei eine Ablenkung, und versuchte, diese Vorstellung loszuwerden. Unter dem Telefon jedoch waren folgende Worte in dunkler Schrift gedruckt: „Das Telefon ist ein Mittel zur Kommunikation. Man benutzt es, um miteinander zu sprechen. Ich kann es ebenfalls gebrauchen. Benutze du es. Die Menschen werden dich hören und gleichzeitig mich erfahren." Damals gebot der Herr mir, über das Telefon mit den Menschen zu beten. Ich musste sie nicht erst sehen, sondern nur mit ihnen vor Jesus in Verbindung zu treten. Er ist nicht durch Raum und Zeit begrenzt. Das beantwortete meine zweite Frage.

Zurück im Mutterhaus erzählte mir eine Schwester, dass ein Mann aus England wegen eines Gebetes zu mir kommen wollte. Er hatte ein hartnäckiges Hautproblem. Ich entgegnete: „Er braucht nicht herzukommen, ich werde über das Telefon für ihn beten." Die Schwester sah mich fragend an: „Funktioniert es denn auch auf diese Weise?" Und ich antwortete: „Ich weiß es nicht, aber wir wollen es versuchen." Als der Mann mit mir telefonierte und ich mit ihm betete, wurde er vollständig geheilt.

Während meines Aufenthaltes in Irland sagte mir eine der Schulschwestern, eine Frau, die dort arbeite, habe eine Tochter, die mit einem schweren Hautleiden im Krankenhaus läge. Ich konnte nicht dorthin gehen, aber ich bat sie, die Mutter zu mir zu schicken. Wir beteten gemeinsam, und innerhalb weniger Tage wurde das Mädchen völlig geheilt und hatte die Haut eines Babys.

Ich denke, der Herr gewährte mir dieses Schauen und Erfahren von körperlichen Heilungen nicht so sehr der betroffenen Menschen wegen als vielmehr für mich selbst.

Jesus ist der Lehrer

Mutter Angelica aus Birmingham, Alabama, die Franziskanerin, die das allererste katholische Fernseh-Satelliten-Programm (EWTN) einrichtete, ist weithin bekannt für ihre Schlagfertigkeit und ihre Weisheit. Ich hatte in Birmingham Exerzitien für Priester zusammen mit Pfarrer Cohen aus New Orleans gehalten. Mutter Angelica hatte von mir gehört und mich für diese Tagung in ihr Kloster eingeladen. Ich dachte, dies sei eine günstige Zeit, mehr über Heilung zu erfahren, und so kam ich dort mit einer Menge Büchern zum Thema Heilung an, geschrieben von anerkannten Experten. Ich nahm an, aus ihnen lernen zu können, weshalb manche Menschen nicht geheilt werden, um eine prompte Antwort geben zu können, falls man mich fragte.

Am ersten Tag las ich das erste Kapitel eines der Bücher, und am nächsten Tag konnte ich mich an nichts mehr erinnern. Das ging so einige Tage lang: Ich vergaß alles, was ich zuvor gelesen hatte. Zu guter Letzt nahm mich Mutter Angelica bei der Hand und brachte mich in die Kapelle. Sie wies auf die Monstranz mit der ausgesetzten Hostie und sagte: „Falls Jesus dich als jemand anderes gewollt hätte, dann hätte er dich zu jemand anderem gemacht. Er hat dich zur Briege McKenna gemacht und“ – sie zeigte auf den Herrn – „dort ist der Lehrer! Versuche nicht, anderer Leute Methoden zu kopieren. Komm zu Jesus und lass dich belehren.“

An diesem Tag verpflichtete ich mich, zwei bis drei Stunden im persönlichen Gebet zu verbringen. Da lehrte mich der Herr, dass ich nicht alle Fragen zu beantworten brauche. Nicht jeder werde körperliche Heilung erfahren. Doch das sei nicht meine Angelegenheit. Meine Aufgabe sei es nicht, ihn zu verteidigen, sondern ihn zu verkünden.

Der Herr wohnt in einem zerfetzten Zelt

Die heilige Clara, Gründerin unseres Ordens, wird auf Bildern und als Statue stets so abgebildet, wie sie das Altarsakrament in der Monstranz in die Höhe hält. Man erzählt von ihr, sie habe – als Feinde ihren Wohnort Assisi angriffen – diesen die Monstranz entgegengehalten, und so habe die Kraft ihres Glaubens an Christus die Feinde zurückgetrieben. Das Altarsakrament steht in der Geschichte der Klarissen im Mittelpunkt des Ordenslebens.

Auf den Rat von Mutter Angelica hin verpflichtete ich mich, täglich zwei bis drei Stunden vor dem Allerheiligsten zu verbringen – gleichgültig, wohin auch immer ich reiste. Dies war die einzige Bedingung, die ich allen Bischöfen und Priestern auf der ganzen Erde stellte: dass sie mich in einem Konvent oder sonst wo unterzubringen hätten, wo das Heilige Altarsakrament erreichbar sei, und dass sie meinen Zeitablauf so gestalteten, dass ich meine Gebetszeit einhalten konnte.

Ich staune immer wieder darüber, dass der Herr immer dann, wenn ich nicht bei einer Ordensgemeinschaft wohnen konnte, dafür gesorgt hat, dass nur wenige Straßen weiter ein Ort war, an dem ich das Allerheiligste anbeten konnte. Wenn wir solch eine Verpflichtung zum Gebet übernehmen, ist der Herr in seiner Großzügigkeit unerschöpflich.

Manchmal fand ich es schwierig, den Leuten klarzumachen, dass ich wirklich die drei vollen Stunden zum Gebet benötige. Sie finden mit Leichtigkeit gute Gründe für mich, meine Gebetszeit aufzugeben, indem sie auf Menschen hinweisen, die dringend der Seelsorge bedürfen. Immer wieder muss ich mich ermahnen, dass ich Jesus mehr brauche, als diese Leute mich. Jesus im Gebet zu vernachlässigen, würde heißen, dass ich den Menschen gar nichts zu bieten hätte. Ich bete wahrhaftig nicht, weil ich heilig bin, sondern weil ich es werden möchte und weil ich Jesus als Lehrer brauche. Gesammelt vor dem Herrn zu verweilen, ist sehr wesentlich. Nur wenn unser Geist zur Ruhe gekommen und unser inneres Gehör offen ist, können wir wirklich den Herrn vernehmen und die Weisheit und Einsicht erfahren, die der Heilige Geist eingibt. Am Anfang war es schwer zu glauben, dass Jesus in diesen Gebetsstunden zu mir sprechen und mich lehren würde. Aber es sind viele Lektionen, die ich vom Herrn durch das Gebet erhielt. Sie haben sowohl mein Leben als auch das jener geändert, die zu mir kamen und um Hilfe baten.

Treue in der Verpflichtung zum Gebet

Während der Einkehrtage für Priester in Dublin, Irland, fragte mich eines späten Abends Pater Kevin Scallon, ob ich wohl während der Gebetszeiten der Priester zur Verfügung stehen würde. Dies waren genau auch meine Gebetszeiten. Es bestand tatsächlich großer Bedarf an meiner Mithilfe während dieser Einkehrtage. Ich wollte diese Bitte nicht abschlagen, die vernünftig genug schien. Aber zugleich zerriss es mich innerlich, meine Gebetszeit aufzugeben.

Ich sagte Pater Kevin, dass ich mich zu jener Zeit zur Verfügung halten würde. Bevor ich zur Ruhe ging, befestigte ich noch spät in der Nacht eine Mitteilung am Schwarzen Brett, dass ich je nach Verabredung zur Verfügung stünde, während die Priester zur Anbetung in der Kapelle vor dem Allerheiligsten waren.

Niemand außer mir und Pater Kevin wussten, dass ich mich entschlossen hatte, meine Gebetsstunde zu Gunsten der Seelsorge aufzugeben. Aber am nächsten Morgen näherte sich mir ein älterer Priester, um mir zu sagen: „Schwester Briege, ich weiß, dass Sie beten, aber ich muss Ihnen etwas sagen, und ich weiß nicht wie." Er hatte Mühe, zur Sache zu kommen, und ich fragte mich, worum es sich wohl handelte. Endlich rückte er damit heraus, dass er die vergangene Nacht nicht schlafen konnte, denn beim Zubettgehen hatte er eine innere Stimme gehört, die sagte: „Geh zu Schwester Briege und sage ihr, dass die von ihr zur Verfügung gestellte Stunde mir gehört und dass ich diese Stunde für mich haben möchte." Nachdem er dies gesagt hatte, lächelte mich der Priester an und bemerkte: „Das ist ziemlich unverständlich, nicht wahr?"

Wahrhaftig, er hatte keine Ahnung davon, wie verständlich es für mich war. Ich dankte ihm. In diesem Augenblick wurde mir klar, wie sehr Jesus wünschte, dass ich mein Versprechen hielt – nicht, weil er mich benötigte, sondern weil er mich liebend erziehen wollte. Wir vergessen manchmal, dass Jesus lebt und auf uns wartet. Hier also wartete er auf mich. Das war eine wichtige Lektion für mich. Ich widme diese drei Stunden nicht einem Projekt, sondern einem lebendigen Wesen und dieses lebendige Wesen ist Jesus, der stets zugegen ist. Und er ist nicht deshalb gegenwärtig, damit ich ihm etwas geben kann, sondern damit er mir etwas geben kann.

Ich ging zu Pater Kevin und erzählte ihm von dem alten Priester. Er bat mich gleich, die Vereinbarung zu widerrufen und meinen ursprünglichen Zeitplan wieder einzuhalten. Dann ging ich in die Kapelle, wo jeder die ausgesetzte Monstranz verehren und beten konnte. Ich setzte mich nieder und fühlte mich ein wenig schuldig, dass der Herr mich an meine Verpflichtung erinnern musste.

Als ich die Augen schloss, ließ mich Gott ein Kloster sehen, mit einer hohen Mauer darum und einer Tür darin, durch die ich eintrat. Ich kam zu einer anderen Tür mit einem Schild, auf dem KLAUSUR stand. Während ich diese Tür betrachtete, sprach der Herr zu mir: „Siehst du, Briege, an dieser Tür steht ‚Klausur', und du kannst nicht hinein. Die Menschen drinnen kommen nicht heraus, weil sie gelobt haben, ihr Leben abgeschieden von der übrigen Welt zu leben. Hiermit will ich dich daran erinnern, dass dies nur körperliche Wände sind; diese sind es nicht, die dich zu einer kontemplativen Ordensfrau machen. Die Verinnerlichung geschieht durch das Einschließen im Herzen."

Damals offenbarte mir der Herr: Obwohl ich keine in Klausur lebende Nonne bin, brauche ich einen kontemplativen Geist. Ich habe mich zu gewissen Zeiten in das Kloster meines Herzens einzuschließen und niemanden als nur den Herrn hereinzulassen. Und jene besonderen Zeiten sind nur für den Herrn allein reserviert. Bevor ich mich anderen Menschen verpflichte, muss ich mich fragen, ob ich mein Versprechen Jesus gegenüber gehalten habe.

Mir wurde die Notwendigkeit immer mehr bewusst, treu im Gebet zu sein. Das Gebet ist eine Gabe von Gott. Um mit dieser Gabe zusammenwirken zu können, muss ich Disziplin aufbringen, Zeit für das Gebet aufwenden. Ich lernte, dass Gott mir dann – wenn ich bereit bin, Zeit für das Gebet aufzubringen – Gnade geben und mich lehren wird, wie man beten soll. Er wird mich durch das Gebet verwandeln.

Was geschieht im Gebet?

Vor dem Herrn zu sitzen ist nicht einfach. Zuweilen kann man Langeweile empfinden oder man weiß nichts zu sagen. Man kann durch mancherlei abgelenkt werden. Leichtfertig könnte man denken: „Was soll das", oder: „Was habe ich denn davon? Ich fühle doch gar nichts!"

Während du betest, scheint vielleicht überhaupt

nichts zu geschehen, aber die Auswirkung des Gebetes zeigt sich später, wenn du arbeitest oder mit jemandem sprichst. Die innere Kraft, die du durch das Gebet erhältst, wird dir bewusst, ebenso empfängst du später, wenn du sie benötigst, Erkenntnis und Weisheit.

Zuweilen sagen die Leute, wenn ich erwähne, dass ich drei Stunden im Gebet verbringe: „Ich würde mich langweilen. Woher nehmen Sie denn die Zeit? Was sagen Sie während dieser drei Stunden?" Und manche Leute meinen, sie könnten nicht einmal eine halbe Stunde lang beten. Der Herr bat mich um drei Stunden; er bittet nicht jeden darum. Für einen Laien, einen Weltpriester, eine Schwester, die einen Ganztagsjob haben, können drei Stunden unmöglich und sogar unerwünscht sein. Ob du nun Priester, Schwester, Laie oder Diakon bist, du musst Zeit zum Gebet finden. Ich glaube, dass diejenigen von uns, die im kirchlichen Dienst stehen, Gott nicht weniger als eine Stunde im Gebet geben sollen. Aber jeder von uns muss die Zeit herausfinden, die seiner Berufung angemessen ist.

Ich fühle mich bevorzugt, weil ich Nonne bin und in einem Konvent lebe und weil sich das Heiligste Altarsakrament unter meinem Dach befindet. Ich kann jederzeit zum Herrn gehen. Aber ich möchte jeden ermutigen, sich einen besonderen Platz in einer Ecke des Zimmers zu schaffen, der für das Gebet reserviert ist. Dieser besondere Platz mit einer Ikone oder einem Bild von Jesus wird dir dabei helfen, die Sorgen der Welt hinter dir zu lassen und dich zu intimer Nähe zum Herrn führen.

Der Herr hat mich durch diese Disziplin des Betens Wichtiges über die Heilung gelehrt. Er zeigte mir, wie verschiedene Schriftstellen auf seine Lehren zu beziehen sind, denn stets lehrte er, während er heilte. Er zeigte mir, was seine Lehren und die Schriftstellen über meinen Dienst in der heutigen Zeit aussagen.

Ich möchte gerne weitergeben, was ich gelernt habe, als ich mich eines Tages in Jesu Gegenwart befand: Ich war in den Anblick des Heiligsten Altarsakramentes versunken, gab Jesus die Ehre und sagte ihm, dass ich nicht viel zu sagen hätte, außer, dass ich ihn liebe. Dabei war mir, als ob der Herr zu mir sagte: „Nun, du weißt doch, dass du mir gar nichts sagen musst. Sei einfach nur bei mir, komm in meine Gegenwart. Es geht doch gar nicht um das, was du für mich tust, sondern um das, was ich für dich tun will."

Dann hatte ich folgende Vorstellung: Ein Mensch verließ sein Haus und setzte sich in die Sonne. Als er nun in der Sonne saß, tat er überhaupt nichts, seine Hautfarbe jedoch begann sich zu verändern. Die Leute, die ihn danach sahen, wussten, dass er in der Sonne gesessen hatte, weil seine Haut dies erkennen ließ. Der Mensch wusste es auch, da er den Einfluss der Sonne verspürte: die Wärme und das Licht. Ich hörte den Herrn sagen: „So ergeht es dir, wenn du in meine Gegenwart kommst. Du wirst die Auswirkungen der mit mir verbrachten Zeit erfahren. Und die Menschen werden es an deinem Handeln merken." Es war eine wichtige Lektion für mich zu erkennen, dass ich nicht ständig zu reden, sondern einfach nur in die Gegenwart Jesu zu kommen brauche.

Gebet und Heiligkeit

Gebet hält uns in Verbindung mit Jesus. Es macht uns bewusst, was heilig bedeutet. Das Gebet befähigt uns zu unterscheiden, was von Gott kommt und was nicht heilig ist, d.h. was nicht von Gott kommt.

Meine persönliche Gebetszeit führte mich zu einem neuen Bewusstsein von der Zunahme der Sünde in der Welt. Sie machte mir auch bewusst, dass ich die Sünde und die Unvollkommenheit in meinem eigenen Leben übersehen kann, während ich die gesamten Sünden in der Welt sehe.

Ich reiste zu fünf Einkehrtagen nach New Orleans. Eines Nachts fuhr ich hoch und als ich die Augen öffnete und an die Decke blickte, sah ich dort – wie in einem Film – das Bild eines wunderschönen Gartens. In diesem Garten waren viele Blumen und dazwischen kleines Unkraut. Der Herr sagte zu mir: „Briege, dies ist deine Seele!“ Die Blumen stellten jene Tugenden dar, die ich zu kultivieren trachtete in meinem Bemühen, heilig zu werden. Aber während ich durch den Garten lustwandelte und die Blumen bewunderte, besah ich mir das Unkraut und meinte: „Ach, das ist ja noch klein und wird nichts schaden!“ Dabei fuhr ich sanft mit der Hand darüber: „Ich will mich nicht um euch kümmern, ihr seid ja nur kleines Unkraut.“ Daraufhin sagte der Herr: „Dieses Unkraut stellt die Sünde dar. Du misst dich selbst an der Welt, an allem Bösen in der Welt." –

Jeder weiß doch, wie es zugeht. Wir hören von all den entsetzlichen Ereignissen, die in der Welt geschehen und meinen dann: „Oh, aber ich töte oder stehle ja nicht, ich handle nicht mit Rauschgift, ich verkaufe nicht meinen Körper usw." Der Herr sagte zu mir: „Du bist nicht dazu aufgerufen, dich mit der Welt zu vergleichen. Ich bin dein Vorbild, nicht die Welt. Du darfst Sünde niemals akzeptieren." Und da erkannte ich, dass ich genau in die Falle trat, über die ich Vorträge hielt: Ich war nicht wachsam gegenüber der Sünde in meinem eigenen Leben.

Als ich das Bild an der Decke weiter betrachtete, sah ich den Gärtner kommen. Er schaute mich an und sagte: „Wenn Sie erlauben, will ich dieses Unkraut für Sie ausrotten. Die Blumen werden dann farbiger leuchten und das Wachstum in Ihrem Garten wird zunehmen." Die schlimmste Krankheit heutzutage ist nicht die des Leibes, sondern die der Seele. Die Krankheit der Seele kann nur durch den göttlichen Arzt geheilt werden. Der Herr wies mich darauf hin, dass das Sakrament der Versöhnung das Heilmittel ist, mit dem er die Sünde ausrottet, dass es ein wichtiges Sakrament ist, um im Wachsen zur Heiligkeit zu helfen. In diesem Sakrament kommt der lebendige Jesus, um den Feind unserer Seele zu bekämpfen.

Zwei andere Dinge zeigte mir der Herr ebenfalls

durch dieses Bild: Zum einen, dass ich mich nicht selbst retten kann. Meinen Garten kann ich nicht selbst verschönern, ich kann nicht heilig werden durch mich selbst. Ich habe anzuerkennen, dass ich eine Sünderin bin. Wenn mir dies nicht gelingt, bin ich selbstgerecht und stolz. Zum anderen lernte ich den Wert der Reue und die Schönheit der Beichte erkennen. Die Beichte ist das Kommen Jesu, der mich liebt. Er möchte, dass ich verstehe, dass ihm seine Liebe zu mir Leid und Tod einbrachte.

Pater Frank Sullivan, Professor der Theologie an der Gregorianischen Universität in Rom, sagte einmal: „Wenn du wissen willst, was Gott über die Sünde denkt, lies die Leidensgeschichte Jesu." Die Passionsgeschichte Jesu legt offen, was Gott über die Sünde denkt und als wie verwerflich er sie empfindet. In ihr erkennen wir ebenfalls die große Liebe Jesu zu seinem Vater sowie für uns. Wir erkennen, wie sehr er uns liebt, dass er bereit ist, für uns zu leiden und an unsrer statt zu sterben. Als ein Ergebnis dieser Einsicht durch den Herrn fand ich mich an meinem Bettrand kniend. Ich versprach dem Herrn, alle zwei Wochen zur Beichte zu gehen.

Wenn ich im Gespräch mit anderen auf die Beichte zu sprechen komme, werde ich zuweilen gefragt: „Was sagen Sie denn dem Priester? Ich wüsste nicht, was ich ihm zu sagen hätte." Ich antworte dann immer: „Fragen Sie doch nur diejenigen, mit denen Sie zusammen wohnen. Diese werden Ihnen Ihre Sünden schon nennen!"

Die Schönheit der Beichte

Der Gang zur Beichte hat mir regelmäßig eine neue Wertschätzung für dieses Sakrament gegeben. Deshalb frage ich mich oft, weshalb die Menschen heutzutage nicht öfters zu diesem Sakrament gehen. Es kann doch unmöglich daran liegen, dass wir weniger sündigen. Könnte es sein, dass wir dieses Sakrament der Versöhnung nicht mehr wertschätzen, weil wir uns nicht mehr klar machen, wie schrecklich Sünde ist? Schätzen wir das Leiden Jesu nicht mehr, und dass Jesus für uns starb? Übersehen wir, dass wir nichts weiter zu tun haben, als den Wert seiner Leiden zu beanspruchen, unsere Verfehlungen zu bekennen und uns auf sein Erbarmen zu verlassen?

Es ist so viel leichter, nach Heiligkeit zu streben, wenn man regelmäßig in diesem Sakrament zu Jesus gehen kann. Es ist eine kräftige geistliche Tröstung und eine Erinnerung an seine große Liebe, wenn man zum Priester gehen kann, um diese großartigen Worte zu hören: „Deine Sünden sind dir vergeben!" Solange wir uns anstrengen, die Sünde zu vermeiden, wissen wir, dass wir im Sakrament der Versöhnung gereinigt werden und einen Neuanfang machen können.

Wenn ich über unseren Kampf gegen die Sünde nachdenke, werde ich häufig an Christi Weg nach Golgota erinnert. Er fiel mehrmals hin, aber immer wieder stand er auf. Dies ist unsere Berufung: beständig nach Heiligkeit zu streben. Streben nach Heiligkeit bedeutet für mich zuzugeben, dass – obwohl ich schwach bin und wieder sündigen werde – ich wieder aufstehen und weitergehen muss. Als Katholikin gibt es für mich keine bessere Art und Weise, mein Verlangen nach Heiligkeit zu erklären, als zu Jesus zu kommen und ihn um Vergebung und um Gnade zum Weitergehen zu bitten.

Durch meine häufige Feier des Bußsakramentes hat der Herr viele Menschen zu mir geführt. Sie kommen, um mit mir über ihr inneres Leben und moralische Probleme, die sie beunruhigen, zu sprechen.

Als ich einmal in einem Flugzeug saß, kam der Flugbegleiter und bat darum, mit mir sprechen zu dürfen. Ich nenne ihn Arthur, obgleich er anders heißt. Arthur erzählte mir, er sei Katholik und gehe jeden Sonntag in die Messe, habe jedoch ein sehr schwerwiegendes moralisches Problem. Er fürchte sich, zur Beichte zu gehen, was er seit zehn Jahren nicht mehr getan hat. Er fürchte sich, mit einem Priester zu sprechen, da er vor zehn Jahren schlechte Erfahrungen in der Beichte gemacht habe. Als Arthur mir sein Problem in allen Einzelheiten schilderte, begann er zu weinen und meinte: „Schwester, ich weiß nicht, was ich tun soll, ich habe Angst. Ich weiß, ich werde verdammt. Ich tue ja alles, was möglich ist, um meine Fehler wieder gutzumachen, aber ich kann einfach nicht damit fertig werden."

Ich sah ihn an und sagte: „Sie wissen, Arthur, Sie müssen nicht in einen Beichtstuhl gehen." Ich erzählte ihm von der neuen liturgischen Form der Versöhnung und wie ich dieses Sakrament verstand. Er antwortete: „Aber ich weiß ja nicht, wie ich beichten soll.

Zehn Jahre bin ich nicht hingegangen!“ Da sagte ich zu ihm: „Nun, Sie haben mir gebeichtet, aber ich bin kein Priester und kann Ihnen nicht die Lossprechung geben. Doch so, wie Sie es mir erzählt haben, sollten Sie es einem Priester erzählen.“ – „So beichtet man?“, fragte er. Das zeigte mir, dass viele Menschen einfach deshalb nicht zur Beichte gehen, weil sie vergessen haben, wie dies geht, und nicht deshalb, weil sie es nicht wollen. Wegen der vielen Änderungen in der katholischen Kirche meinen die Leute, der Priester könne nicht viel von ihnen halten, wenn sie um Vergebung bitten und nicht einmal wissen, wie sie es anstellen sollen.

So ergriff ich Arthurs Hand und sagte: „Ich werde ein Gebet für Sie sprechen und Jesus bitten, Ihnen Mut zu geben. Und dann werde ich mich nach einem Priester für Sie umschauen.“ Als ich gemeinsam mit ihm zu beten begann, gab der Herr mir zwei Bilder, die sowohl für mein eigenes als auch für Arthurs Leben überaus aufschlussreich waren.

Das erste Bild zeigte mir Arthur gefangen in einem Netz, als ob jemand dieses über ihn geworfen und ihn darin gefangen hätte. Dann sah ich einen Mann zu ihm gehen, das Netz öffnen und ihm heraushelfen: Das Netz stellte die Sünde dar; der Mann, der es öffnete, war der Priester, den Gott, der Herr, dazu gebrauchte, uns den greifbaren Beweis der Vergebung und Heilung zu geben.

Im zweiten Bild sah ich einen Mann an einem Eisberg mit einem Eispickel. Er hackte unentwegt auf den

Eisberg ein, bis es ihm schließlich gelang, den Eisberg bis unter die Wasseroberfläche abzutragen, was ihn sehr befriedigte. Dies war ihm immerhin gelungen, und er ging weg. Aber als er sich umdrehte und zurücksah, schwamm der Eisberg wieder oben.

Durch diese Bilder zeigte mir Gott, dass Arthur Anstrengungen unternahm, Gott gegenüber Wiedergutmachung für seine Sünden zu leisten. Er versuchte, durch alle möglichen Werke dem Herrn zu beweisen, dass er ihn liebe und dass er es ehrlich meine. Arthur war im Begriff, sich selbst zu heiligen und seine Sündhaftigkeit ohne Gottes Hilfe zu besiegen. Er fand es schwer zu akzeptieren, dass Jesus ihm vergeben würde. Er konnte nicht begreifen, dass Jesus zur Rettung der Sünder gekommen war und nicht für die Gerechten.

Ich erklärte ihm, dass das Sakrament der Versöhnung nicht nur dazu da ist, die bereits begangenen Vergehen auszuwischen, sondern dass die Gnade des Sakramentes den Menschen die Kraft gibt, sündige Gewohnheiten aus ihrem Leben auszumerzen. Während ich sprach, wurde mir klar, dass ich, je häufiger ich zu dem Sakrament ging, desto seltener meinen eigenen Schwächen verfiel. Das Sakrament verhalf mir zur Hoffnung auf das Erbarmen des Herrn und gab mir die Kraft, der Versuchung zu widerstehen.

Hier und jetzt, im Flugzeug, gab Arthur mir ein Versprechen: „Schwester, finden Sie einen Priester und ich werde bei ihm beichten." – Nach zehn Jahren ging er zur Beichte, der Priester war voller Mitgefühl und in der Lage, ihn zu wahrer Reue und zu echter Umkehr zu führen.

Nach drei Monaten sprach ich nochmals mit dem jungen Mann und er erzählte mir, dass er nun beinahe jede Woche zur Beichte ginge, und fügte hinzu: „Sie wissen, Schwester, die Versuchungen kommen immer noch über mich, aber bis jetzt bin ich nicht wieder darauf hereingefallen. Gott hat mich gelehrt, dass Versuchung keine Sünde ist und dass ich mich ihm zuwenden kann und die Kraft zur Überwindung der Sünde erhalte. Ich danke Ihnen, dass sie mir Jesus nicht als den strengen Richter, sondern als den Barmherzigen nahegebracht haben, der darauf wartet, seine Arme um mich zu legen und mich wie den verlorenen Sohn zu empfangen."

Wenn wir von Sünde, Reue und geistlichem Wachstum sprechen, müssen wir uns darüber im Klaren sein, dass der Böse über eine sehr subtile Waffe verfügt, die er anwendet, um Seelen in ihrer Suche nach Gott zu entmutigen. Diese Waffe ist die Schuld. Es gibt so etwas wie eine heilsame Schuld. Wenn wir etwas falsch gemacht haben und uns schuldig fühlen, so meldet sich unser Gewissen. Dadurch erkennen wir, dass wir beichten und umkehren müssen. Aber über den Häuptern mancher Menschen schwebt eine schlimme Schuld trotz Beichte. Diese beraubt sie der Freude am Herrn und der Annahme von Gottes Vergebung in ganz persönlicher und bewusster Weise.

Unfähig zu sein, sich selbst zu vergeben: Das ist

Stolz. Wenn wir zur Beichte gehen, haben wir erkannt, dass wir gefallen sind; Jesus aber vergibt uns. Das ist die Schönheit unseres gütigen und mitfühlenden Gottes. Der hl. Paulus sagt: „Er starb für uns, als wir noch Sünder waren." Das bedeutet, Gott liebt uns, selbst während wir in der Sünde sind.

Eine meiner Lieblingsgeschichten in der Heiligen Schrift ist diejenige, in der Petrus zu Jesus sagt: „Auch wenn alle (an dir) Anstoß nehmen – ich nicht!" (Mk 14,29). Jesus, der uns so gut kennt, konnte ihm entgegnen: „Ehe der Hahn zweimal kräht, wirst du mich dreimal verleugnen!" Es stimmt, dass Petrus den Herrn verleugnete, aber als der Herr Petrus ansah, reute es Petrus und er weinte bitterlich (vgl. Mk 14,72).

Petrus vergab sich selbst: Hätte er dies nicht gekonnt, hätte er die Aufgabe des Herrn, seine Brüder und Schwestern zu leiten und zu ermutigen, nicht übernehmen können. Der Unterschied zwischen Petrus und Judas war Petrus' Fähigkeit zu sagen: „Ja, ich habe gesündigt und meinen Herrn verleugnet, aber er hat mir vergeben." Judas konnte sich selbst nicht vergeben und die Vergebung Gottes nicht annehmen.

Wir dürfen der Sünde nicht erlauben, uns völlig niederzuschmettern. Sie darf uns nicht in Entmutigung oder Traurigkeit stürzen. Indem wir sagen: „Jesus, ich habe es wieder getan, bitte vergib mir", sollen wir uns demütigen und alsbald aufstehen und weitergehen.

Was soll man im Gebet tun?

Teil des Aufstehens und Weitergehens ist deine Hinwendung zum Gebet. Das Gebet ist diszipliniert; es ist nicht dem Zufall überlassen. Bis zu einem gewissen Grad ist es organisiert. Gerne möchte ich weitergeben, wie ich meine drei Stunden täglich im Gebet zubringe und wie mir der Herr geholfen hat, innerhalb meines Gebetslebens zu wachsen.

Die erste Zeit in der Kapelle verbringe ich im Lobpreis auf den Herrn. Ich bete in Sprachen und lobsinge Gott. Ich danke ihm, dass er Gott der Herr ist. Jesus sagt: „Wenn mein Volk mich nicht preist, werden die Steine schreien" (vgl. Lk 19,40). Falls es dir schwer fallen sollte, den Herrn zu preisen, greif zu den Psalmen, denn diese sind voller Lobpreis.

Ich erfahre in meiner Gebetszeit, dass Lobpreis mich aus den Ablenkungen des Alltags herausholt und mir hilft, mich dem Heiligen Geist zu öffnen. Wir sind nicht wie ein Radio; wir können das, was wir gerade tun, nicht mal eben abschalten und im Handumdrehen mit Gott völlig vereint sein. Du schleppst mit dir herum, womit du am Tag beschäftigt gewesen bist, ebenso die Erlebnisse und Ereignisse in deinem Leben. Wenn du sie mit zum Gebet nimmst, besteht die einzige Methode, von ihnen nicht abgelenkt zu werden, darin, sie dem Herrn in einer Haltung des Lobpreises vorzulegen.

Ich lese auch in der Bibel. Ich meine, dass alles, was in Gottes Wort steht, für jeden von uns eine Botschaft beinhaltet, ganz besonders die Lesungen der täglichen Messe. Zu jeder Zeit werden irgendwo auf der Erde an diesem Tag gerade diese Schriftlesungen verkündet. Ich denke oft, dass irgendwo irgendjemand jetzt durch dieses Evangelium umgewandelt wird. Meiner Meinung nach gibt es keinen wunderbareren Weg, in Geist und Gemüt zur Übereinstimmung mit der Kirche zu kommen, als durch das Lesen der Tageslesungen. Ich lese sie viele Male durch und versuche dann, mich selbst in die Lesungen einzubringen und herauszufinden, was sie mir zu sagen haben.

Ich bete auch den Rosenkranz; meine Geschwindigkeit, ihn in der Gruppe zu beten, ist allgemein bekannt. Doch während meiner Gebetszeit versuche ich, ihn langsam zu beten und seine Geheimnisse zu betrachten.

Und dann sitze ich nur da und rede mit Jesus. Das Erste, was man im Gespräch miteinander tut, besteht darin, den Gesprächspartner anzusehen. Wenn jemand dich begrüßt, siehst du ihn an. Während er weiter mit dir spricht, siehst du ihm weiterhin ins Gesicht. Die heilige Theresa sagte: „Die Unfähigkeit, sich zu vergegenwärtigen, dass Gott wirklich da ist, liegt an der Wurzel all unserer Probleme beim Beten. Wir wollen ihm nicht zugestehen, was wir bei anderen Gesprächen erwarten – dass wir ihn anschauen." Wir haben Schwierigkeiten damit, uns Jesus als wahrhaftig gegenwärtig vorzustellen. Das ist der Grund, weshalb die heilige Theresa vom Wert sakraler Darstellungen spricht, von Statuen und Ikonen oder – besonders für uns Katholiken – von der Eucharistie, die uns hilft, uns auf die wirkliche, greifbare Gegenwart Jesu zu konzentrieren.

Ich habe ein sehr schönes Bild des heiligen Antlitzes Jesu und ich rede oft zu ihm. Interessant ist: Wenn du anfängst, mit ihm zu sprechen, und lernst hinzuhören, dann beginnt er, dir zu antworten. Das ist der souveräne Weg der heiligen Theresa: „Sie ihn nur an!" Sie sagte: „Ehe du betest und während des Gebets lass deinen inneren Blick auf dem Einen ruhen, der da ist, und solltest du unkonzentriert werden, erneuere deinen Blick. Erinnere dich immer wieder daran, dass Jesus dich anschaut und du ihn ansiehst."

Letzten Endes kann niemand dich lehren zu beten, außer Jesus. Das Problem ist nicht der Mangel an Anleitung. Es gibt viele Bücher, die uns beim Gebet helfen und anleiten wollen. Die Schwierigkeit ist, sich Zeit zum Gebet zu nehmen und sich freizumachen, hinzugehen und bei Jesus zu sitzen. Betrachte Jesus und seine Apostel: Er lehrte sie nicht nur; er nahm sie mit sich, widmete ihnen seine Zeit. Das Gebet beginnt wirklich damit, dass man seine Zeit mit dem Herrn verbringt.

Das zerfetzte Zelt

Als junge Schwester hörte ich oft Ansprachen über das Leben in der Gegenwart Gottes. In der heutigen Gesellschaft sagen die Leute, dass sie es wegen des vielen

Lärms und der Schwierigkeiten, einen Ort der Stille zu finden, sehr schwierig finden, Jesus wahrzunehmen.

Vor ein paar Jahren, während meiner jährlichen Zeit der Stille, befand ich mich in fürchterlichen Versuchungen und Entmutigungen. In einer Nacht hatte ich jede nur denkbare Versuchung. Auf meinem Weg zur Messe am nächsten Morgen fühlte ich mich ganz zerschlagen und entmutigt aufgrund der Angriffe und Versuchungen der vergangenen Nacht.

Beim Gang zur Kommunion stellte ich mich dem Herrn, indem ich gestand: „Jesus, ich weiß, dass ich dich jetzt empfange, aber ich fühle mich so entmutigt, so niedergedrückt und bin so unwürdig, dich zu empfangen!" Als ich die heilige Hostie empfing und mich umwandte, um zu meinem Platz zurückzugehen, hatte ich die deutliche Vorstellung eines Zeltes. Ich erinnere mich, das Zelt angesehen und gedacht zu haben: „Oh, das arme Zelt, es ist ja wirklich zerfetzt!" Ich weiß noch, dass ich das Zelt genauer besah und dachte: „Es muss ein schreckliches Unwetter hinter sich haben."

Als ich in meiner Bank niederkniete, sah ich einen Mann, der sich näherte, um in das Zelt einzutreten. Da sah ich mich selbst in der Vision, wie ich dem Mann sagte: „Oh, Sie können dort nicht eintreten, es ist völlig kaputt. Es ist ganz zerrissen, es hat riesige Löcher!" Da sah mich der Mann an, lächelte und sagte: „Was denkst du denn, ich wohne ja darin!"

In diesem Augenblick erkannte ich, dass ich selbst das zerrissene Zelt war, das durch die Versuchungen, die Entmutigung und durch all jene Dinge, die mich in der Nacht herumgetrieben hatten, zerschlagen war. Jetzt zeigte mir Jesus, dass er trotz aller Zerschlagenheit und trotz allem anderen weiter in mir wohnte – und dass er gerade eben wieder in der Gestalt der heiligen Hostie zu mir gekommen war. Es war sehr beschämend: Nie zuvor hatte ich von mir selbst die Vorstellung eines alten, zerschlissenen Zeltes gehabt!

Mir war dann, als ob Jesus mich in das Zelt hinein nahm. Ich sah ihn am Tisch sitzen und saß dann dort bei ihm. Er nahm meine beiden Hände und sprach mit mir über diesen Tisch hinweg. Während er sprach, betrachtete ich das Zelt und sagte: „Oh, mein Gott, sieh dieses Zelt an! Was werden die Leute denken? Sieh doch bloß dieses eklige Zelt an!"

Ich entschuldigte mich und entzog meine Hände den Händen Jesu. Dann rückte ich den Stuhl etwas vom Tisch weg, stieg darauf und begann, die Löcher im Zelt zu reparieren. Ich dachte: „Was werden die Leute sagen, wenn sie diese Löcher sehen?" Eifrig machte ich mich daran, das Zelt in den Augen anderer Leute gut aussehen zu lassen. Da fühlte ich plötzlich, wie Jesus mich sanft herunterzog, mich mit großer Freundlichkeit ansah, wobei er sagte: „Briege, wenn du dich mit diesen Löchern und all dem Flickwerk eingehend befasst, dann wirst du mich darüber vergessen. Wenn du dich aber zuerst mit mir beschäftigst, dann will ich dein Zelt flicken."

Mir wurde klar, dass ich zu viel Zeit damit verbrachte, mich über meine Versuchungen und Sünden zu grämen, und darüber, wie ich damit fertig werden sollte und was andere Leute von mir dachten. Der Herr zeigte mir, dass Umwandlung und Umkehr geschehen, wenn wir in erster Linie mit Jesus beschäftigt sind und uns ihm zuwenden. Wenn du dich Jesus zuwendest, dann wendest du dich automatisch von der Sünde weg. Du kannst nicht deine volle Aufmerksamkeit Jesus schenken und dich gleichzeitig der Sünde zuwenden.

Das ist es, was allen großen Heiligen der Kirche geschah: Sie wandten sich Jesus zu und ab von der Sünde. Sieh den heiligen Franziskus von Assisi an. Er wurde vollkommen von Jesus in Beschlag genommen und vergaß alles, was er sich in seinem Leben vorgenommen hatte, wie auch alle Dinge, die in seinem Leben falsch waren. Gott kümmerte sich um sie. Das Gleiche gilt für den heiligen Paulus, Petrus, Ignatius, für die heilige Maria Magdalena und den heiligen Thomas von Aquin, um nur einige zu nennen.

Wir alle sollten, wenn wir sündigen, nicht um die Sünde kreisen und ständig über ihr brüten, sondern uns Jesus zuwenden. Wenn wir versuchen, damit anzufangen, ihn zu erfreuen und für ihn zu leben, dann ändert er unser Leben.

Der Herr zeigte mir die zweite Belehrung im Bild des Zeltes: Wieder saß ich mit ihm am Tisch. Ich schaute hinaus und bemerkte Menschen mit vielen Problemen, Krankheiten und Schwierigkeiten, wie sie sich dem Zelt näherten. Ich rief aus: „Oh, ich muss hinausgehen, weil all diese Menschen mich brauchen!" So sprang ich auf und sagte zu mir: „Mein Gott, wie soll ich bloß mit all diesen Problemen fertig werden, so viele Leute und so viele Probleme!"

Als ich am Zelteingang stand und mir auszumalen versuchte, wie ich ihnen wohl helfen könnte, fühlte ich wieder Jesu Hand, die mich zurückzog. Er sagte mit erhobenem Finger und einem kleinen Lächeln: „Sie kommen nicht zu dir, damit du ihr Problem löst. Sie kommen nur zu dir, weil ich in dir wohne. Wenn du aufstehst und sagst: ‚Ich muss es tun!', so vergisst du, dass ich der Arzt bin und dass ich es bin, der den Frieden bringt. Ich bin derjenige, der die Kranken heilt. Ich erwarte lediglich von dir, dass du mein Werkzeug bist. So setz dich wieder hin und lass mich zur Tür gehen."

Unwillkürlich lächelnd antwortete ich: „Ja, nun begreife ich, weshalb du sagst, es gäbe keinen Misserfolg, wenn dir jemand vertraut. Wenn ich es selbst zu tun versuche, geht's schief."

Durch diese Erfahrung wurde mir bewusster, dass Jesus es ist, der die Macht hat und alles wirkt. So wie der heilige Paulus es ausdrückte: „Nicht mehr ich lebe, sondern Christus lebt in mir" (Gal 2,20). Wenn ich Einladungen erhalte, in alle Welt zu reisen, um vor vielerlei Leuten zu sprechen, vor Bischöfen, Priestern, Gelehrten, überfällt mich häufig das Gefühl: „Nein, das kann ich nicht!" Und dann höre ich Jesus sagen: „Ja, du kannst es wirklich nicht, aber ich kann es. Lass mich es durch dich tun."

Es stimmt. Ich kann es nicht. Wenn der Tag kommen sollte, an dem ich es mir selbst zutraue, dann bin ich von Jesus weggelaufen und lasse ihn in dem zerrissenen Zelt allein am Tisch sitzen. Der Tag, an dem ich es selbst zu tun versuche, ist der Tag, an dem ich frustriert werde und Fehler mache. Das ist dann der Tag, an dem Briege ihr eigenes Reich zu bauen beginnt, anstatt am Reich des Herrn mitzubauen.

Der Herr ist der Heiler

Jesus ist der Heiler. Er hat eine eigene Art zu heilen, die in der Schrift beschrieben wird. Jede von Jesus vollzogene Heilung war in sein Lehren eingebunden. Er heilte nicht nur und beließ es dann dabei. Bei jeder Gelegenheit belehrte er seine Jünger.

Nun, da ich täglich mit dem Herrn im Gebet zusammen wanderte, begann er, mich mehr und mehr über seinen Heilungsdienst zu belehren. Er befähigte mich, effektiver zu wirken, indem ich ihn durch mich arbeiten ließ.

Zu Beginn meines Heilungsdienstes gab es mancherlei, was ich nicht verstand. Eine der Fragen, die viele Leute stellten und die ich mir selbst stellte, war: „Was geschieht, wenn man um Genesung Kranker betet und diese nicht gesund werden, sondern sterben; wenn also der Herr dein Gebet um Heilung damit beantwortet, dass er sie zu sich heimholt? Wie tröstet man die Leidtragenden in dieser erschütternden Erfahrung, wenn sie voller Hoffnung für eine Genesung gebetet haben?"

Durch solch eine Erfahrung lernte ich eine Definition von Heilung kennen. Heute gebrauche ich diese Erklärung, wenn man mich fragt, was der Heilungsdienst eigentlich bedeutet.

Ja sagen zu Gott

Vor ein paar Jahren kam der Vater eines kleinen neunjährigen Mädchens zu mir. Er war sehr aufgeregt. Sie war sein einziges Kind und lag mit Leukämie im Sterben. Der Vater hatte gehört, dass ich vom Herrn als Werkzeug gebraucht wurde, durch das Gott den Menschen, besonders den Kindern mit Leukämie, Genesung brachte.

In seiner Verzweiflung sagte er: „Alles habe ich versucht, nichts hat geholfen. Ich habe es sogar mit Jesus probiert und es hat nicht funktioniert, und nun liegt es an Ihnen." Ich antwortete: „Falls Sie vergessen, dass ich nur für Jesus arbeite, dass ich nur sein Werkzeug bin, werden Sie wieder sehr enttäuscht sein." So ging ich mit ihm zum Krankenhaus und hoffte, ihn wenigstens trösten zu können. Im Krankenhaus fanden wir das kleine Mädchen schwer leidend im Sterben liegen. Als ich niederkniete und die Hand des Kindes in die meine nahm, fühlte ich, wie wenn mir durch diese kleine Hand eine Botschaft übermittelt werden würde: „Nicht ich brauche Heilung, sondern mein Papa braucht sie. Ich freue mich aufs Heimgehen!"

Ich beschloss, mit dem Vater zu sprechen, denn er versuchte, mich unter Druck zu setzen und ihm die Genesung seiner Tochter zuzusagen. Das war das Einzige, was er wirklich hören wollte. Wenn Schwester Briege ihm dies zusagte, würde er sich erleichtert fühlen!

Als ich neben dem Bett kniete, hätte ich ihm gerne gesagt: „Sie wird genesen, so wie Sie es wünschen."

Doch dadurch hätte ich mich an die Stelle Gottes gesetzt. Ich hätte mich in eine Position versetzt, in der ich das Mitgefühl sprechen ließe. Mitgefühl ist in Ordnung, aber es darf sich nicht zur Sprecherin an Gottes Stelle machen.

Ich verließ die Krankenstation und ging mit dem Vater ins Wartezimmer, wo ich mit ihm und seiner Frau sprach. Ich nahm sie bei den Händen und sagte: „Ich wäre froh, wenn ich Ihnen zusichern könnte, dass Mary auf die von Ihnen ersehnte Weise geheilt werden würde, doch weiß ich nicht, auf welche Art sie genesen wird. Ich bin jedoch sicher, Jesus wird Sie nicht enttäuschen, weil er Sie liebt und weil er Klein-Mary mehr liebt, als irgendjemand sonst. Er wird Ihnen die nötige Kraft schenken, und er wird Mary auf die Art und Weise heilen, die er für die beste hält."

Als ich mit den Eltern sprach, konnten sie nicht annehmen, was ich sagte. Sie regten sich sehr auf. Beim Verlassen des Krankenhauses wünschte ich mir, Mary heilen zu können, machte mir jedoch klar, dass ich es nicht konnte. Diese Erkenntnis, dass man eben nicht das tun kann, was man möchte, zeigt: Man ist nur ein Werkzeug und hat keine Macht über das Wirken Gottes.

Oft handeln die Menschen so, wie wenn man Gott manipulieren könnte, so dass er tut, was man von ihm möchte. Wenn man genug daran glaubt oder die richtigen Dinge ausspricht oder wenn der Glaube groß genug ist, dann hat Gott zu wirken. Durch die eben geschilderte Erfahrung lehrte mich Gott jedoch, dass er sich nicht unseren Bedürfnissen entsprechend ändert. Im Vorgang des Betens und durch das Gebet ändern wir uns, um dem Willen Gottes zu entsprechen. Wenn uns dies klar wird, können wir schwere Lebenssituationen akzeptieren, weil Gott uns mit Kraft, Gnade und visionärer Begabung ausrüstet. Er zeigt uns seinen Willen durch mehr Klarheit.

Ungefähr drei Tage nach meinem Besuch in dem Krankenhaus riefen mich die Eltern an, um mir mitzuteilen, dass Klein-Mary gestorben sei. Mein erster Impuls war: „Es wäre besser, wenn ich sofort zu ihnen gehe. Sie müssen sehr traurig sein."

Ich werde mich stets an das wunderschöne kleine Mädchen in seinem Sarg erinnern, an die Beerdigungskapelle und wie die Eltern dastanden. Der Vater umarmte mich und sagte: „Schwester Briege, ich möchte Ihnen danken!" Er drehte sich um, deutete mit der Hand auf sein kleines Mädchen und sagte: „Wissen Sie, mir ist jetzt klar, dass Gesundwerden nicht bedeutet, dass sich mein Wille durchsetzt, sondern die Kraft und die Gnade zu bekommen, ‚ja' zu Gottes Weg sagen zu können.

Ich erkenne jetzt, dass Klein-Mary nicht mein Eigen war. Sie war mir anvertraut, ich durfte sie ernähren, lieben und mich um sie kümmern, doch sie gehört dem Herrn – und wer bin ich, Gott zu sagen, was er zu tun hätte! Doch ich möchte Ihnen sagen, dass ich das vor zwei Tagen noch nicht hätte annehmen können. Eine

Stunde, bevor sie starb, hätte ich das nicht gekonnt. Jetzt begreife ich, dass Gott uns nicht die Kraft gibt für etwas, das wir in einem Monat oder in zwei Wochen zu bewältigen haben. In genau dem Augenblick, in dem wir die Kraft brauchen, gibt er sie uns. Ich möchte Ihnen einfach danken. Mary wurde geheilt und in den Himmel getragen. Ich aber, ihr Papa, wurde hier gelassen, um über die Schönheit der göttlichen Gnade zu berichten, und darüber, dass Gott Gebete erhört."

Was dieser Vater sagte, zeigt uns, worum es bei der Heilung geht. Heilung bedeutet Ja-Sagen zu Gott. Wenn wir als Gotteskinder „ja" zu ihm sagen können, werden wir nie verletzt werden. Der Herr tut nichts in unserem Leben, was uns verletzt. Er ist ein Gott der Liebe. Nur in unserem Widerstand, unserem Losreißen, unserem Nein-Sagen verletzen wir uns tatsächlich selbst.

Ich erkenne, dass meine Aufgabe in diesem Heilungsdienst darin besteht, Menschen in allen Lebenslagen zu helfen, „ja" zu Gott zu sagen, genauso, wie ich in meinem Alltag „ja" zu Gott sagen muss.

Betrachten wir ein paar biblische Geschichten, die verdeutlichen, wie Jesus während seines Wirkens auf Erden heilte und auf welche Weise die Menschen ihm begegneten, als er sie heilte. Diese Betrachtung wird uns helfen, besser zu verstehen, wie Jesus heute heilt. Er ist derselbe Gott, heute wie damals, und wir sind nicht allzu verschieden von den Leuten, die zu Zeiten des Neuen Testaments gelebt haben.

Der Gelähmte

Jesus sprach gerade zu einer großen Menschenmenge, die sich in einem Haus versammelt hatte. Es waren so viele, dass sich die Menge noch im Hof drängte. Sie waren herbeigeströmt, um Jesus zu hören, von dem man sagte, er sei ein großer Wunderheiler.

Als einige Männer, die einen Freund hatten, der gelähmt war, hörten, dass da einer war, der Gelähmte heilen könne, beschlossen sie als gute Freunde, ihn zu Jesus zu bringen. Weil jener nicht gehen konnte, trugen sie ihn. Wenn du jemanden wirklich liebst, bringst du ihn zu Jesus.

Als sie ankamen – so berichtet uns das Evangelium –, konnten sie wegen des Gedränges nicht zu Jesus hinein. Aber sie waren hartnäckig: Sie kletterten auf das Dach, entfernten einige Ziegel und ließen den Mann auf den Boden vor Jesus nieder.

Jesus konnte sehen, dass der Mann gelähmt war; er konnte die verkümmerten Beine sehen. Deswegen hatten seine Freunde den Mann schließlich hergebracht, aus keinem anderen Grund als der Heilung seiner verkrüppelten Beine. Als Jesus ihn ansah, blickte er tiefer als auf die ausgezehrten Beine und sah das Wichtigste: Die schwerste Lähmung ist die der Seele, die durch Sünde verursacht wird. Jesus schaute die Seele des Mannes an und sagte zu ihm: „Deine Sünden sind dir vergeben." Die Umstehenden fingen an zu flüstern und sagten: „Welche Autorität hat dieser, die Sünden zu vergeben?", und: „Wer ist er, dass er so spricht?"

Als ich diese biblische Geschichte betrachtete, lehrte mich der Herr, dass Ordnung und Prioritäten in unserem Leben vonnöten sind. Was ist wichtiger: körperliche Heilung verkrüppelter Beine oder Heilung der Seele? Für uns ist es wichtiger, um die Heilung der Seele nachzusuchen. Wie man weiß, werden viele Millionen für die Forschung zur Heilung des Körpers ausgegeben. Das ist gut so. Der Herr will, dass wir die Möglichkeiten nutzen, Wege zur Heilung zu finden. Doch entwickeln wir offensichtlich nicht denselben Eifer, die Sünde loszuwerden, welche die Krankheit der Seele verursacht.

Viele Menschen kommen wegen körperlicher Heilung zu mir, und sie sind nicht an seelischer Genesung interessiert. Einmal rief mich ein Mann an und erzählte, er habe ein sehr schlimmes Bein. Ich antwortete ihm: „Ich werde mit Ihnen sowohl um Heilung Ihrer Seele beten als auch um körperliche Heilung." Er antwortete: „Oh, nein, das ist schon in Ordnung. Machen Sie sich keine Gedanken über meine geistliche Heilung. Es ist nur mein Bein, das gesund werden muss." Daraufhin entgegnete ich: „Um in den Himmel zu kommen, brauchen Sie gewiss nicht Ihr Bein, mit Sicherheit aber eine gesunde Seele."

Die Leute sind sich durchaus nicht immer der Notwendigkeit einer seelischen Heilung bewusst. Das stellt für Menschen im Heilungsdienst eine Gefahr dar. Wir können auf die körperliche Heilung allzu fixiert und zu begeistert von ihr sein. In Wirklichkeit soll sie jedoch nur ein Wegweiser zur seelischen Heilung und zur tieferen Beziehung mit Jesus sein.

Eines Tages kam ein Herr ins Klassenzimmer, als ich gerade unterrichtete, und sagte: „Schwester, meine Frau drängt mich unentwegt, Schwester Briege aufzusuchen und um ihr Gebet zu bitten, weil sie die Heilungsgabe hat und mir helfen kann. Aber, Schwester Briege, ich traue Ihnen nicht. Ich habe meiner Frau gesagt: Ich glaube nicht wirklich, dass Schwester Briege die Heilungsgabe hat. Ich denke, sie ist eine Betrügerin. Ich nehme ihr das einfach nicht ab." Die Antwort seiner Frau war: „Egal, geh du nur, sie wird dir helfen." Und er wiederholte, dass er mir nicht glaubte. Ich erinnere mich, wie ich dachte, dass es mutig von ihm sei, dermaßen ehrlich zu sein.

Ich erwiderte ihm: „Sie müssen nicht an mich glauben. Nirgendwo in der Bibel steht geschrieben, dass Sie an Briege McKenna zu glauben haben. Aber glauben Sie an Jesus?" Er sah mich überrascht an und sagte: „Freilich glaube ich an Jesus!" – „Das ist alles, was Sie brauchen. Ich kann mit Ihnen beten. Dazu brauchen Sie mir nicht zu trauen; doch dass Jesus Sie heilen kann, das dürfen Sie glauben."

Dann fragte ich: „Wovon möchten Sie denn geheilt werden?" Er meinte: „Nun, das ist eine andere Frage. Zu meiner Frau sagte ich, es sei ein befremdliches Anliegen, ausgerechnet eine Nonne um Gebet dafür zu bitten. Ich arbeite im Freien und hier in Florida ist es beim Arbeiten im Freien sehr heiß. Ich gäbe viel drum, könnte ich ein Glas Bier zum Abkühlen trinken. Ich mag Bier, doch ich habe einen empfindlichen Magen, und der nimmt es mir übel. Ich wäre froh, wenn Sie darum beten würden, dass ich ein, zwei Glas Bier vertragen könnte, um mich zu erfrischen."

Ich weiß noch, wie ich während seiner Erzählung bei mir dachte: „Was für eine Lappalie! Und doch: Für ihn ist es wichtig ..." Also betete ich mit ihm, und während ich betete, erheiterte mich dies. Ich dachte: „Ich habe mit einer Menge Alkoholiker um die Befreiung vom Trinken gebetet, und hier bete ich nun mit diesem Mann darum, dass er damit anfangen kann." Während des Gebets konnte ich sehen, dass er irgendwie durch das Beten bewegt wurde.

Einige Zeit später hörte ich von seiner Frau, wie auch von ihm selbst, dass er ein schwerwiegendes moralisches Problem gehabt habe, obwohl er mir nicht sagte, worum es sich handelte. Die Not in seinem Leben war in Wirklichkeit viel ernsthafter gewesen, als jene triviale Angelegenheit mit dem Biertrinken.

Der Mann wurde vollständig dem Herrn zugewandt und erlebte eine wundersame innere Heilung seines geistlichen Lebens. Er wurde von einer tiefen Hingabe an den Herrn erfasst. Und wie damals Jesus an dem Gelähmten handelte, so heilte er auch diesen Mann sowohl körperlich als auch seelisch.

Bei meiner eigenen Heilung ging ich auf der Suche nach seelischer Hilfe zum Herrn, denn darum schrie ich wirklich im Gebet. Meine Beine waren wie die des

Gelähmten deformiert, aber es war meine Seele, die mir die wirklichen Nöte verursachte. Und wiederum erteilte mir der Herr eine wunderschöne Lektion: Es ist nicht nötig, das Seelische vom Körperlichen zu trennen. Ich betete nicht um körperliche Heilung, weil ich annahm, dass die Seele viel wichtiger sei. Der Herr zeigte mir, dass ich ihn um alles bitten kann. Außerdem begriff ich, dass viele unserer Krankheiten in der Krankheit unserer Seele wurzeln können.

Der Diener des Hauptmanns (Mt 8,5-13)

Ein Hauptmann kam zu Jesus, um ihn um Heilung für seinen jungen Diener zu bitten. Jesus sprach: „Ich will kommen und ihn gesund machen." Sofort antwortete der Hauptmann: „Ich bin es nicht wert, dass du mein Haus betrittst. Sprich nur ein Wort, dann wird mein Diener gesund."

Für mich beinhaltet diese Passage zwei Lehren. Zum einen die Heilung aus der Ferne. Manchmal meinen Leute, dass derjenige, der um Heilung betet, bei der kranken Person sein müsse. Sie sagen: „Oh, wenn nur Schwester Briege kommen könnte, wenn sie nur ihre Hände auf die Kranke legen könnte, dann wäre sie geheilt." Die Menschen erreichen, dass man sich schuldig fühlt, weil man nicht überall zugleich sein und nicht mit allen auf einmal beten kann.

In dieser biblischen Geschichte glaubte der Hauptmann, dass er nur Jesus zu bitten brauche, und er glaubte daran, dass Jesus keine Grenzen kennt. Tatsächlich ist Jesus nicht auf einen Ort angewiesen. Gott ist überall und wenn ich glaube, dass Jesus Gott ist, dann habe ich auch zu glauben, dass seine Macht ohne Grenzen ist und dass es für ihn keine Entfernung gibt.

Das war mir eine große Hilfe in meinem Heilungsdienst. Ich muss gar nicht überall herumeilen und zu all den Orten gehen, wo die Kranken sich befinden. Durch meinen Telefondienst bete ich mit Menschen vom anderen Ende der Erde. Ich bin nicht bei ihnen, aber ich kann mich mit ihnen verbinden und mich genauso verhalten wie der Hauptmann bei Jesus. Wir können vor Gott im Geist zusammen sein und Heilungen können geschehen.

Vor einigen Jahren war ich in Mexiko. Ich ging in ein Krankenhaus, um mit einem Priester zu beten, der Krebs hatte. Der Priester war sehr, sehr krank. Ich sprach ein kurzes Gebet und verließ das Krankenhaus. Am folgenden Tag war ich gerade dabei, mich um eine große Gruppe von Geistlichen zu kümmern, als eine Dame hereinkam, uns unterbrach und sagte, sie habe eben einen Anruf erhalten, dass dieser Priester im Sterben liege. Spontan bat ich die anwesenden Geistlichen, zusammen zu beten. Auf keinen Fall glaubte ich, es sei ungewöhnlich, darum zu bitten – es war nur natürlich für mich, dass wir beten sollten.

Am folgenden Morgen handelte das Tagesevangelium von der Heilungsgeschichte des Dieners des Hauptmanns von Kafarnaum. Der Priester, der den Bibeltext vorlas, sprach zu uns darüber, was ihm durch den Kopf ging, als die Nachricht über den sterbenden Pater überbracht wurde. Er sagte: „Als die Dame hereinkam und sagte, der Pater liege im Sterben, dachte ich, Schwester Briege müsse zu ihm gehen. In diesem Moment sprach eine innere Stimme zu mir: ‚Ich brauche Schwester Briege nicht im Krankenhaus, sondern ich brauche von euch und von Schwester Briege euren Glauben an meine Macht.' Mir wurde klar, dass ich Jesus nicht auf Schwester Briege beschränken durfte, weil sie nur ein Werkzeug ist."

Was der Herr mich in diesem Augenblick tun ließ – lehren und austauschen mit diesen Geistlichen –, war das, was Gott von mir erwartete. Nur weil ich körperlich an einen Ort gebunden bin, sollte ich dem Wirken des Herrn nie Grenzen setzen.

Ein Jahr darauf rief mich ein Geistlicher an: „Schwester Briege, ich habe soeben ein wunderschönes Zeugnis in einem mexikanischen Magazin gelesen, das von einem Priester handelt, mit dem Sie gebetet haben. Dieser wurde völlig geheilt und unterrichtet wieder." Er las mir das Zeugnis vor, und während er las, war mir, als ob ich den Herrn sagen hörte: „Erinnere dich; weil du geglaubt und vertraut hast, ist dieser Priester geheilt worden." Und mir war, als ob ich die Geschichte vom Diener des Hauptmanns wieder neu durchlebte.

Als ich ein andermal im Heilungsdienst in Schottland unterwegs war, sagte ich den Teilnehmern, wie ich es immer sage: „Es ist nicht notwendig, dass ich mit Einzelnen bete. Wir alle hier glauben, dass Jesus in uns lebt. Wir sind alle aufgerufen, Kanäle für die Liebe zu sein. Und es ist die Liebe des Herrn zu uns, die uns heilt." Ich forderte die Anwesenden auf, Fürbitte für ihre Lieben zu halten, die nicht anwesend waren. „Bittet Jesus darum, sie zu berühren, gerade so, wie der Hauptmann Jesus bat, seinen Diener zu berühren."

Eine der anwesenden Frauen hatte eine Schwester in Irland, die am folgenden Tag einen Termin im Krankenhaus hatte, um ein bösartiges Geschwulst entfernen zu lassen. Auf dem Heilungstreffen in Schottland betete diese Frau für ihre Schwester in Irland. Und zur selben Zeit begann der Herr, an der krebskranken Frau zu wirken. Nach drei Wochen traf ich diese Frau in Irland. Sie erzählte mir, dass sie keine Ahnung davon hatte, dass ihre Schwester in Schottland für sie gebetet habe, doch im Krankenhaus angelangt, war ihre Geschwulst völlig verschwunden. Sie war geheilt.

Das war wieder eine andere Bestätigung dafür, dass der Herr aus der Ferne heilen kann und dass wir ihm nie Grenzen setzen sollten. Es gibt noch eine weitere Lektion aus derselben Schriftstelle im achten Kapitel bei Matthäus: die Macht der Fürbitte.

Was tat dieser Hauptmann? Er kam zu Jesus und setzte sich für seinen jungen Diener ein. Er bat Jesus, ihn zu heilen. Er ist ein wichtiges Beispiel für die Notwendigkeit, vertrauensvoll zu beten.

Meine Tante Lizzie war eine große Quelle der Inspiration und der Freude in meinem Leben. Einmal erzählte sie, wie eine Dame in ihr Haus in Irland kam, um mich zu besuchen. Ich war nicht zu Hause, und so beschloss Tante Lizzie, diese Frau selbst zu evangelisieren. Die Dame fragte Tante Lizzie, wie es in meiner Heimatstadt üblich ist: „Ist die Nonne zu Hause?" Meine Tante antwortete: „Die Nonne ist nicht hier, doch es ist nicht nötig, dass Sie sie besuchen. Schreiben Sie nur Ihre Anliegen auf, und sie wird für Ihre Anliegen Fürsprache bei Jesus einlegen."

Die Dame sagte: „Fein, geben Sie mir das Buch!" Sie begann zu schreiben. Draußen standen zwei Busse voller Menschen, welche jene Dame mitgebracht hatte. Sie kamen vom anderen Ende Irlands. Eineinhalb Stunden standen sie da, während die Dame ihre Anliegen niederschrieb, welche sie ihr durch die Busfenster zuriefen: „Paddy, wo tut es dir weh? Mary, was fehlt dir?"

Tante Lizzie ermüdete ein wenig, während sie daneben stand, und sie sagte zu der Dame: „Wissen Sie, Sie sollten selbst mit Gott reden. Sie sollten Jesus selber fragen und Fürbitte tun." Da sah die Dame Tante Lizzie an und sagte: „Fürbitte tun? Mit Gott reden? Ich habe vierzig Jahre lang zu Gott gebetet und bisher hat er mich nie erhört!" Tante Lizzie antwortete: „Na ja, vielleicht reden Sie nicht in der richtigen Weise mit ihm." Die Dame erwiderte: „Ach ja, ich kenne nur eine Art! Kennen Sie noch eine andere?" Später meinte Tante Lizzie zu mir: „Ach, du solltest deine Evangelisation lieber selbst machen, denn ich wusste keine Antwort mehr, nachdem sie mich das gefragt hatte!"

Aber ist es nicht wahr, dass viele Leute behaupten, vierzig Jahre mit Gott gesprochen zu haben und er habe sie nicht erhört? Dabei haben sie ihm nicht zugehört! Jesus antwortet uns, aber möglicherweise nicht sofort. Das Fürbitte-Gebet wird nicht immer unmittelbar erhört.

Eine andere Geschichte verdeutlicht die Wichtigkeit des fürbittenden Gebets und der Ausdauer beim Beten:

Vor einiger Zeit, als ich Einkehrtage für Ehepaare hielt, kam ein Herr zu mir. Er war äußerst verzweifelt, weil seine Ehe in großen Schwierigkeiten steckte. Er und seine Frau wurden allmählich in viele verschiedene Dinge hineingezogen und konnten sich nicht miteinander verständigen. Um die Lage noch mehr zu komplizieren, hatte er Beweise für die Untreue seiner Frau. Er war bei einem Eheberater gewesen, der ihm riet, seiner Frau ein Ultimatum zu stellen und, falls das nichts half, die Scheidung zu beantragen. Der Mann meinte, es mache ihn kaputt, denn er könne eine Scheidung als Antwort auf sein Problem einfach nicht akzeptieren. Er wusste nicht, was nun zu tun sei.

Ich begleitete ihn in die Kirche vor den Tabernakel. Der Herr gab mir ein Wort für ihn: Es würde schlimmer, doch dann würde es sich bessern. Dies war kein sehr beruhigendes Wort, das ich dem armen Mann mitteilen sollte. Ich erklärte ihm, dies sei eine Probe für seinen Glauben, und dass wir zuweilen Ausdauer im Gebet wie auch in der Fürbitte für jemanden zeigen müssten. Wenn wir für andere beten, kann Gott ebenfalls an unserem Leben arbeiten, damit wir zu dem Glauben gelangen, dass Wunder wirklich geschehen. Ich sagte ihm, das Wachstum seines Glaubens sei eine Frucht des beständigen Gebets.

Danach war er bereit, lange Fahrten auf sich zu nehmen oder mit mir zu telefonieren, damit ich mit ihm beten konnte. Ich sagte ihm nur: „Lassen Sie uns beten und geben Sie nicht auf." Er antwortete: „Ich liebe meine Frau." In seinem Herzen fühlte er, dass der Herr nicht wollte, dass er aus dem Leben seiner Frau verschwände, denn ihre Ehe sei von der Kirche gesegnet und ein Sakrament. Zur selben Zeit rieten ihm alle seine Ratgeber jedoch: „Ich würde sie verlassen!"

Sooft er mit mir sprach, ermutigte ich ihn, nicht aufzugeben. Ich erinnerte ihn an das Wort Jesu: Nichts ist unmöglich für den, der glaubt. Mitfühlend riet ich ihm: „Es ist sehr schwer, sich mit jemandem zu identifizieren, der einen zurückweist, doch Sie identifizieren sich mit Jesus. Bis zum heutigen Tag liebt uns Jesus, und wir lehnen ihn stets ab. Er hört nicht auf, uns zu lieben. Wenn Sie sich aufmachten, Ihre eigene Ehe zu heilen – Sie könnten es nicht. Doch Sie können Jesus um übernatürliche Kraft bitten. Das würde zwar weder Ihr Leiden noch den Schmerz der Ablehnung lindern, aber Sie werden die Kraft zum Durchhalten bekommen."

Eines Tages rief er mich an und sagte: „Schwester Briege, ich möchte Ihnen danken. Gott hat unser Gebet erhört." Dann erzählte er mir von einer wunderbaren geistlichen Erfahrung, die er und seine Frau gemacht hatten. Eines Abends empfanden die beiden Gottes verwandelnde Gegenwart, als sie im Begriff waren, zu Bett zu gehen.

Er hatte seit einiger Zeit keinerlei Beziehungen zu seiner Frau gehabt, weil die Kenntnis ihrer Untreue für ihn eine Barriere hinsichtlich jeder Liebesbezeugung darstellte. Doch als die beiden in dieser Nacht im Bett lagen, umfing der Herr sie in seiner Liebe und er rief in ihnen beiden die Liebe wach, die sie füreinander empfunden hatten, als sie jung verheiratet waren. Er wandelte sie um. Nicht nur, dass er ihre Ehe erneuerte – er gab ihnen auch alle Gaben des Heiligen Geistes.

Der Mann wollte mich gern besuchen kommen. Zufällig war ich gerade in seiner Heimatstadt, und so lud ich ihn ein. Als er kam, sagte er: „Schwester Briege, ich hoffe, Sie nicht zu kränken, doch Sie waren ein großer Wegweiser hin zu Jesus. Viele Tage hatte ich auf meinem Weg zur Arbeit gute Lust, zum Scheidungsrichter zu gehen, und dachte: ‚Warum muss ausgerechnet ich all das durchstehen?' Doch jedes Mal, wenn ich mit Ihnen sprach, kehrten Sie mein Inneres um, indem Sie auf Jesus zeigten.

Sie brachten mich nicht selbst zu ihm, doch mit Sicherheit sagten Sie mir, was Jesus tun konnte. Heute danke ich Ihnen, denn genau das tut ein Wegweiser: Er bringt einen nicht dorthin, wo man hin möchte, sondern er weist einem die Richtung, in die man zu gehen hat.

Zwei Lektionen habe ich durch all diese Erfahrungen gelernt: Zum einen, meine Ehe niemals für selbstverständlich zu halten. Ich liebe meine Frau, doch ich habe es ihr nie wirklich gesagt. Zweitens: Nie darf ich die Macht des Gebets unterschätzen, ebenso wenig wie die übernatürliche Kraft, die durch das Gebet kommt."

Fortschreitende Heilung

Obwohl viele Menschen meinen, ihre Gebete seien nicht erhört worden, wenn sie nicht sofort und auf wunderbare Weise geheilt werden, habe ich gelernt, dass der Herr auf unterschiedliche Weise heilt – und nach seinen eigenen Beweggründen. Er heilt oft über eine lange Zeit hinweg. Ich nenne das „fortschreitende Heilung". Ich bin Zeuge einiger bewegender Heilungen dieser Art geworden. Die Evangelien beziehen sich bei Heilungen dieser Art besonders auf zwei Schriftstellen: Mk 8,22-26 und Lk 17,12-19.

In Markus 8 lesen wir die Geschichte vom Blinden, der Jesus bat, ihn zu berühren: Jesus führte den Mann aus dem Dorf hinaus, „bestrich seine Augen mit Speichel, legte ihm die Hände auf und fragte ihn: Siehst du etwas? Der Mann blickte auf und sagte: Ich sehe Menschen; denn ich sehe etwas, das wie Bäume aussieht und umhergeht. Da legte er ihm nochmals die Hände auf die Augen; nun sah der Mann deutlich. Er war geheilt und konnte alles ganz genau sehen."

Als ich das las, sagte ich mir: „Nun, Jesus ist Gott.

Er hätte ihn nicht zweimal zu berühren brauchen. Er hätte ihn beim ersten Mal heilen können." Doch wurde mir bewusst: Auch wenn die Heilung noch nicht vollendet sein mag, beginnt die fortschreitende Heilung in uns von dem Moment an, da wir anfangen zu beten. Vielleicht lief dieser Mann lange Zeit umher und sah die Menschen wie wandelnde Bäume; und dann kam er zu Jesus zurück, um ein zweites Mal berührt und vollständig geheilt zu werden.

Warum heilte ihn der Herr nicht beim ersten Mal? Jesus sagt nicht, weshalb, aber vielleicht fand der Blinde durch die fortschreitende Heilung näher zu Gott, als wenn Gott ihn sofort geheilt hätte. Die Heilung in zwei Schritten veranlasste ihn, Jesus ein zweites Mal zu konsultieren. Nachdem er völlig geheilt war, berichtet die Schrift: „Er konnte alles ganz genau sehen." Könnte das bedeuten, dass er Jesus nun klar sah, durch erneuerte geistliche Augen?

Auf einer Konferenz in den Vereinigten Staaten kam ein Ehepaar mit ihrem kleinen Jungen zu mir. Der kleine David hatte einen Tumor im Gehirn und der Arzt hatte ihm nur noch sieben Monate zu leben gegeben. Das Paar hatte noch fünf oder sechs weitere Kinder, denen der Gedanke an den Verlust ihres kleinen Bruders David das Herz zu brechen drohte.

Als ich mit ihnen betete, wurde mir klar, dass ihre einzige Hoffnung auf Schwester Briege gerichtet war: „Wenn nur Schwester Briege mit uns beten würde, dann würde alles gut und David würde geheilt werden." Es gibt viele Geschichten in den Evangelien, wo Leute zu Jesus kommen, um für sich selbst oder für ihre Angehörigen oder deren Kinder einzutreten. Ich erzählte ihnen einige dieser Geschichten aus den Evangelien. Dann erklärte ich ihnen: „Ich kann beten, doch dieser kleine David ist Ihr Kind. Gott gebrauchte Sie als Mann und Frau, um David in die Welt zu bringen. Gehen Sie jetzt nach Hause und wenden Sie sich jede Nacht an Jesus, damit er ihn heilt." Der Vater meinte: „Vielleicht will Jesus ihn nicht heilen, womöglich ist es nicht sein Wille?" Diese häufige Frage veranlasst viele Leute zu glauben, dass sie nicht um Heilung bitten sollten.

Zwei Dinge habe ich darüber zu sagen: Erstens, Gottes Wille geschieht immer, jedoch geht mit dem Willen Gottes auch ein großer Frieden und große Kraft einher, seinen Willen anzunehmen. Manche sagen: „Es ist nicht Gottes Wille" – wie ein Schlussstrich, weil sie nicht wirklich daran glauben, dass es in Gottes Macht steht.

Zweitens haben sie Angst vor dem, was es bedeuten könnte, wenn die Heilung nicht eintritt: „Habe ich versagt?" Freilich haben sie nicht versagt, aber diese Vermutung entsteht durch gewisse falsche Auffassungen darüber, wie der Glaube die Heilung beeinflusst.

Ich sagte zu Davids Eltern: „Denken Sie einfach für einen Augenblick einmal nicht an den Willen Gottes. Wenn Jesus hier vor Ihnen stehen würde, um was würden Sie ihn bitten, was sollte er für David tun?" Die

Mutter antwortete: „Oh, ich würde ihn bitten, David gesund zu machen, weil ich ihn lieb habe."

„Gut", sagte ich, „Sie bitten Jesus, ihn zu heilen. Bitten Sie ihn jeden Tag darum. Versuchen Sie nicht, Jesus eine Entscheidung aufzuzwingen. Wunder geschehen schließlich wirklich. Sagen Sie ihm nur genau, was Sie empfinden, und erzählen Sie Jesus, dass Sie den kleinen David lieben. Bitten Sie Jesus dann, ihn gesund zu machen."

Viele Menschen sagen Jesus etwas, doch in Gedanken meinen sie etwas ganz anderes. Sie meinen, Jesus schmeicheln zu müssen, indem sie ihm nette Dinge sagen. Wir brauchen Jesus wahrlich nicht zu schmeicheln. Er weiß von vornherein, was wir denken! Jesus will von uns, dass jeder von uns mit ihm umgeht wie mit einem lebendigen Menschen, also mit einem Jesus, der mitfühlend ist, uns liebt und unsere Leiden kennt.

Jesus kennt unsere Gefühle. Er kennt die Liebe eines Vaters und einer Mutter zu ihren Kindern. Er weiß, dass es für einen Vater und eine Mutter nicht normal wäre zu sagen: „Gott, nimm du mein Kind, denn es gehört dir." Jesus wird den Eltern die Kraft geben, so zu sprechen, sobald die Zeit dafür gekommen ist. Die Eltern sollten es jedoch nie unterlassen, Fürbitte zu tun und Jesus um Heilung zu bitten, welche sie zutiefst für ihre Kinder ersehnen. Unsere Gebetslektion lehrt uns, nicht aufzuhören, an die Tür zu klopfen, sondern beständig damit fortzufahren.

Ich forderte diese Eltern auf, nach Hause zu gehen

und jeden Abend mit David zu beten, ihre anderen Kinder um sich zu versammeln – manche von ihnen waren Teenager – und gemeinsam zu beten. Der Vater meinte: „Schwester, das Beten ist nicht gerade unsere Stärke!“ Meine Antworte lautete: „Sprechen Sie mit Jesus! Und wenn es nur ein Vaterunser oder ein Ave Maria wäre, das Sie langsam sprechen. Ihre Kinder sollen Jesus bitten, David zu heilen, und sie sollen Jesus sagen, dass sie ihn lieben. Legen Sie David beim Beten die Hände auf.“

Ich erklärte ihnen, dass der Vater als Familienoberhaupt wirklich die Vollmacht hat, seine Kinder zu segnen, und dass er für sie beten sollte. Ebenso sollte seine Frau als die Mutter der Kinder für sie beten.

Etwa zwei Jahre später traf ich den Vater wieder. Seit dem Tag, an dem wir zusammen für David gebetet hatten, hatte ich nichts mehr von ihnen gehört. Er sagte zu mir: „Schwester, ich muss Ihnen eine wunderschöne Geschichte erzählen!“ Dann berichtete er mir, was geschehen war, seit sie an jenem Abend nach Hause gegangen waren:

Sie setzen für jeden Abend eine Zeit nach dem Essen fest, um für den kleinen David zu beten. Niemand durfte außer Haus gehen, bevor man sich nicht um David versammelt und gebetet hatte. Die Eltern ermutigten die Kinder, Jesus um Heilung für David zu bitten. Sie stellten fest, dass die Kinder keine Probleme damit hatten, Jesus um Heilung für ihren kleinen Bruder zu bitten.

Ein Monat nach dem anderen verging, und der Tumor des Kindes wuchs weiter. Der Vater war immer wieder entmutigt und sagte: „Es funktioniert einfach nicht!" Seiner Einstellung nach musste augenblicklich etwas geschehen. Doch seine Frau blieb standhaft. Sie wiederholte: „Nein, wir machen weiter! Bleiben wir im Gebet."

Eines Tages wurde ihnen bewusst, dass bereits sieben Monate vergangen waren, und David immer noch am Leben war. Die Wucherung wuchs beständig, aber David war nicht erblindet. Da merkten sie, dass sie sich nur auf eine Sache konzentriert hatten, nämlich auf das Weiterwachsen des Geschwürs. Nach etwa sechzehn Monaten fing der Tumor an, kleiner zu werden. Während sie weiter mit David beteten, beobachteten sie das Schrumpfen des Tumors, bis er völlig verschwunden war. Der Arzt beobachtete diesen Vorgang mit ihnen.

Der Vater sagte: „Und nun, Schwester Briege, will ich Ihnen sagen, was durch Davids Heilung geschah. Als David geheilt war, meinte der Arzt: ‚Was auch immer Sie getan haben, machen Sie weiter damit, denn es hilft! Sie haben es sehr gut gemacht!' Da erkannte ich, dass unsere Kinder während dieser zwei Jahre ganz verwandelt worden waren. Hätte sich eine spontane Heilung ereignet, wären unsere Kinder nie so verwandelt worden."

Selbst nachdem David wieder gesund war, verließen die älteren Kinder das Haus nie nach dem Abendessen, ohne zuvor mit der ganzen Familie gebetet zu haben. Dies war ein Teil ihres Lebens geworden, und sie hatten sich in dem gemeinsamen Familiengebet gut eingerichtet.

Dies ist ein großartiges Beispiel für eine fortschreitende Heilung. Wir werden das, was wir erbitten, womöglich gar nicht so schnell erhalten, denn der Herr heilt uns zu seiner Zeit, weil es viele Schichten in unserem Dasein gibt, die er in Ordnung bringen möchte.

Wenn wir beten, ändert Gott sich nicht. Das Gebet verändert uns, gerade so, wie es die erwähnte Familie verwandelte: Aus einer Familie, die keinen engen Zusammenhalt kannte, wurde sie zu einer Familie, die den Herrn liebt und in der man sich gegenseitig liebt.

Bei Lukas 17,12-19, finden wir die Geschichte von den zehn Leprakranken, die Jesus heilte. Die Aussage ist eindeutig: „Und während sie zu den Priestern gingen, wurden sie rein." Wir wissen nicht, wie lange sie unterwegs waren, aber es könnten Wochen oder sogar Monate gewesen sein. Auf jeden Fall geschah die Heilung nicht auf der Stelle. Sie verließen Jesus und entdeckten später, dass sie geheilt waren. Nur einer von ihnen konnte die Zeit und die Entfernung zwischen dem Dienst Jesu und ihrer Heilung überwinden. Nur einer besann sich, zurück zu gehen und Jesus zu danken. Die anderen vergaßen es.

Ist es nicht so, dass wir manchmal um etwas beten, und wenn es geschieht, dann nehmen wir es für selbstverständlich und sagen noch nicht einmal danke? Wir vergessen, dass der Herr unsere Gebete erhört hat, weil er sie nicht sofort erhörte. Wir leben in einer Epoche des Instantkaffees und -tees, von sofort anschaubaren Digitalfotos. Alles scheint sofort machbar zu sein. Mit Gott gehen wir genauso um. Wir denken: Wenn Gott uns das, was wir erbitten, nicht sofort gibt, dann gibt er es uns überhaupt nicht.

Es gibt Leute, die meinen, man solle die erfolgte Heilung gleich nach dem Gebet um Heilung verkünden. Nehmen wir an, ich bete für jemanden mit Kopfschmerzen. Manche Leute meinen, damit die Kopfschmerzen verschwinden, müssten sie behaupten, sie seien bereits verschwunden. Dies ist eine schönfärberische Weise des Lügens. Wenn wir noch von Kopfschmerzen geplagt sind, sind wir nicht geheilt. Es gibt Zeiten, in denen der Herr sofort heilt, wie es in meinem Fall geschah. Der Herr hat seine eigenen Gründe dafür, jemanden sofort und einen anderen erst nach einer gewissen Zeit zu heilen.

Weil ich glaube, dass es zwei unterschiedliche Arten von Heilung gibt, erkläre ich es folgendermaßen: Für mich ist ein Wunder etwas, das unmittelbar geschieht, und eine Heilung ist etwas, das sich entwickelt und durch Arznei erreicht wird, oder durch eine Operation bzw. durch ausdauerndes Beten.

Als ich einmal Einkehrtage mit Pater Kevin Scallon in Australien hielt, traf ich eine Schwester, die durch Kinderlähmung verkrüppelt war. Sie trug Schienen an den Beinen sowie am Rücken. Nachdem Pater Kevin das Sakrament der Krankensalbung gespendet hatte, saß sie acht Stunden lang in der Kapelle. Die ganze Zeit über verharrte sie in derselben Haltung, und ihr Körper schüttelte sich ununterbrochen. Ich war mir sicher, dass sie sich am Anfang einer fortschreitenden Heilung befand. So ging ich zu ihr und sagte: „Schwester, Gott heilt Sie!“

Später las ich in einer Zeitschrift, dass diese Schwester täglich vier Monate lang beim Ausruhen erlebte, wie sich ihr ganzer Körper schüttelte. Der Arzt erklärte, ihr Körpergewebe und ihre Muskeln, die durch die Kinderlähmung verkümmert waren, hätten sich dadurch wieder zur Aktivität hin entwickelt; die Schwester befände sich im Prozess der Heilung. Die Stützschienen wurden entfernt.

Die Heilung geschah nicht am Tag ihrer Krankensalbung. Sie begann an diesem Tag und wirkte weiter. Meine letzte Information war, dass sie sich weiterhin im Heilungsprozess befand. Der Arzt erklärte, ihr Körper werde durch die Salbung Gottes neu aufgebaut.

Einigen Menschen fällt es schwer, an Wunder oder an Heilungen zu glauben. Sie sagen meist: „Es wäre ja so leicht zu glauben, wenn ich das Wunder nur sehen könnte!“ Als ich in Japan Einkehrtage hielt, meinte ein irischer Priester mir gegenüber: „Briege, es wäre schrecklich einfach zu glauben, wenn ich nur ein Wunder sehen könnte!“ Meine Antwort lautete: „Pater Sullivan, der Herr gebraucht Sie jeden Morgen, um ein Wunder zu vollbringen!“ Er erwiderte: „Ich weiß, was es mit der Messe auf sich hat, doch Sie wissen, was ich meine: Wenn ich nur einmal dabei sein könnte, wenn ein Blinder oder ein an den Beinen Gelähmter geheilt würde! Dann wäre das Glauben so einfach."

Darauf erwiderte ich: „Ach, meinen Sie das wirklich, Herr Pater? Ich habe schon eine Menge Heilungen gesehen, doch das macht es keineswegs einfacher. Ich muss stets weiter beten und oft ertappe ich mich dabei, dass ich denke: O je, diese Person ist dermaßen krank, dass ich mich frage, ob hier eine Heilung noch möglich ist." Da sagte er zu mir: „Na, ich glaube, da bin ich anders. Ich bin überzeugt: Wenn ich ein Wunder erleben würde, könnte ich wirklich glauben."

Etwa drei Tage später traf sich Pater Sullivan mit zwölf seiner Jesuitenpatres in dem Raum, in dem ich den Heilungsdienst mit den Priestern abgehalten hatte. Ich kam hinzu, und als sie mich sahen, baten sie: „Briege, bitte treten Sie näher und beten Sie mit uns." Ich betete mit allen. Unter diesen Jesuiten war ein älterer französischer Priester, Pater Frank, der schweren Wundbrand in seinem Bein hatte. Der Arzt hatte ihm zur Amputation geraten. Der Pater hatte mit dem Arzt vereinbart, noch an dieser Tagung teilzunehmen und sich danach der Amputation zu unterziehen.

Pater Frank bat uns, im Kreis um ihn versammelt um Heilung zu beten. Am folgenden Morgen war ich unterwegs zum Frühstück. Pater Frank kam gestikulierend auf mich zu, machte alle möglichen Zeichen und wies darauf zum Himmel und auf sein Herz. Er hörte gar nicht mehr damit auf. Da ich weder Französisch noch Japanisch kann, schaute ich ihn nur an und dachte: „Dieser arme Mann bekommt gleich einen Herzanfall!“, und musste leise schmunzeln. Damit ging ich weiter. Kaum hatte ich den Speisesaal betreten, kam er herein gerannt. Seine Hosenbeine hatte er aufgekrempelt. Er zeigte allen sein Bein, das vollkommen geheilt war.

Drei Plätze von mir entfernt saß mein irischer Freund. Ich sah zu ihm herüber und meinte: „Pater Sullivan, da haben Sie Ihr Wunder, von dem Sie vor ein paar Tagen sprachen!“ Der irische Priester sah den Geheilten und dann mich an und sagte: „Mein Gott, es ist fürchterlich schwer zu glauben! Hat er wirklich Wundbrand gehabt?“ Da sagte ich zu ihm: „Sehen Sie, Herr Pater, das macht es auch nicht einfacher zu glauben!“

Die Moral dieser Geschichte ist – wie ich meine –, dass Menschen, die Glauben haben, nicht zu sehen brauchen.

Die heilende Kraft der Eucharistie

In Lukas 8,40-48, steht in der Menschenmenge eine einfache Frau, die Jesus mit großer Hoffnung ansieht. Jahrelang hatte sie verzweifelt auf eine Heilung gewartet. Niemand hatte sie heilen können. Sie hatte von Jesus gehört. Sie glaubte: „Wenn ich Jesus nur berühren könnte, würde ich bestimmt geheilt werden!“

Die kleine Frau begab sich mitten ins Gedränge, streckte sich und berührte den Saum seines Gewandes. Viele Menschen drängten sich um Jesus. Alle hofften, ihn zu sehen und zu berühren. Aber diese Frau hatte nur eines im Sinn: Sie glaubte, wenn sie ihn berührte, würde sie geheilt werden.

Sie berührte ihn, und in einem der Evangelienberichte heißt es, Jesus habe sich sofort umgedreht und gefragt: „Wer hat mich berührt?“ Die Apostel warfen ein: „Was meinst du damit, wer dich berührt hat? Die Leute drängen sich doch von allen Seiten um dich und erdrücken dich fast!“ Jesus aber wusste, dass jemand da war, der ihn nicht nur körperlich berührt hatte. Da war jemand mit einer Erwartungshaltung, so wie wir alle sie haben sollten, wenn wir zu Jesus kommen: erwartungsvoll glaubend.

Dann sah Jesus die Frau an, die zitternd nach vorne trat, und sagte zu ihr: „Meine Tochter, dein Glaube hat dir geholfen. Geh in Frieden!“

Viele Leute sagen, wenn sie diesen Abschnitt aus der Heiligen Schrift lesen: „Wenn ich Jesus nur berühren könnte! Wäre es nicht wunderbar, mit Jesus in Kontakt zu kommen?" Oder sie sagen: „Wenn man zur Zeit Jesu gelebt hätte! Wenn man zu ihm hätte hingehen können! Ich würde ihn voller Vertrauen berühren, so wie es diese Frau getan hat!"

Wir Katholiken vergessen häufig, dass wir viel mehr tun können, als Jesus nur zu berühren. Als Katholiken glauben wir daran, Jesus ganz real zu empfangen. Wir gehen zur Kommunion und empfangen Leib und Blut Jesu. Der Herr kommt durch die Vollmacht des geweihten Priesters und verwandelt Brot und Wein. Auf die Einladung Jesu – „nehmet und esset" – empfangen wir die Eucharistie, und der Herr nimmt Wohnung in uns, er „nimmt uns in Besitz". Wir gebrauchen das Wort „besessen" oft im Zusammenhang mit Dämonen, doch als Christen sollten wir uns als Kinder betrachten, die der Herr mit großer Liebe „besitzt".

Wenn ich mir meine Jugend in Irland in Erinnerung rufe, sollte ich wahrscheinlich eine größere Wertschätzung für die Eucharistie gehabt haben. Jahrhunderte lang hat die irische Bevölkerung teuer für ihren katholischen Glauben bezahlt. In Irland gibt es viele Gedenkstätten, die daran erinnern, wie unsere Vorfahren Leiden auf sich nahmen, um die Eucharistie zu schützen und sie für uns Nachfahren zu bewahren. Irland ist übersät mit „Messe-Felsen": Während der schwersten Verfolgungen war es den Priestern verboten, die Messe zu feiern. Auf jeden Priester war ein Kopfgeld ausgesetzt. Sie mussten sich heimlich in die Berge zurückziehen, manchmal in tiefster Nacht, um eine Messfeier anbieten zu können. Sie wählten einen flachen Felsbrocken aus, der als Altar dienen konnte, und zelebrierten dort die Messe. Deshalb wurden diese Felsbrocken „Messe-Felsen“ genannt. Und so konnte die Bevölkerung in dieser schlimmen Zeit der Verfolgung die Messe feiern.

Bis auf den heutigen Tag werden diese Messe-Felsen geschützt. Jedes Jahr wird bei diesen Messe-Felsen ein Fest gefeiert mit anschließender heiliger Messe. Es gibt viele Geschichten in der Überlieferung unseres Volkes über Menschen, die in längst vergangenen Tagen Leiden auf sich nahmen, um die Eucharistie zu schützen und zu erhalten.

Die Taufe im Heiligen Geist

Trotz aller Überlieferung bekam ich erst nach meiner eigenen körperlichen Heilung ein neues Verständnis der Eucharistie. Nach der „Taufe im Heiligen Geist“ erlebte ich ein geistliches Erwachen, das mir half, die großartige Gabe deutlicher zu erkennen, die der Herr uns in der Eucharistie und in den anderen Sakramenten geschenkt hat. Viele Menschen mögen mit dem Begriff „Taufe im Heiligen Geist“ nicht vertraut sein. Es ist ein Begriff aus der Heiligen Schrift, speziell zu finden in der Apostelgeschichte 2 und 11.

Wir empfangen das Geschenk des Heiligen Geistes bei der Taufe. Wir empfangen den Heiligen Geist in unserem Leben – durch die Kommunion und sämtliche anderen Sakramente. Es ist wie bei einem Geburtstagsgeschenk. Wenn ich ein Geschenk zum Geburtstag erhalten hätte und das hübsche Geschenkpapier mich so ablenken würde, dass ich das Geschenk nie auspackte, könnte ich den Inhalt nie in Gebrauch nehmen. Der Inhalt ist wertvoll, nicht die Verpackung, nicht das Äußerliche.

So verhält es sich mit dem Freilassen des Heiligen Geistes. Der Heilige Geist wird uns vom Vater in Jesu Namen geschenkt. Jesus sprach: „Der Beistand aber, der Heilige Geist, den der Vater in meinem Namen senden wird, wird euch alles lehren und euch an alles erinnern, was ich euch gesagt habe" (vgl. Joh 14,26).

Die Taufe im Heiligen Geist bedeutet, offen zu werden für die Gaben, die wir durch die Taufe empfangen, und sich für die Kraft des Heiligen Geistes zu öffnen, um die Sakramente und ihre Kraft besser zu erfassen. Die Taufe im Heiligen Geist befähigt uns, alle uns verliehenen Gaben zu erfassen, damit wir in der Heiligkeit wachsen können. Durch die Taufe im Heiligen Geist bekommen die Sakramente selbst eine tiefe Bedeutung.

Die Sakramente sind uns nicht gegeben, damit wir nur darüber reden oder damit prahlen. Sie müssen in unserem Leben wirksam werden. Wir müssen der Kraft der Sakramente im Leben Ausdruck verleihen. Wenn ich beispielsweise Jesus in der Eucharistie empfangen habe, sollte ich den empfangenen Herrn in meinem alltäglichen Leben widerspiegeln. Wenn ich Jesus im Sakrament der Versöhnung begegne, habe ich ein Leben der Umkehr anzustreben, das stets zur Vergebung bereit ist.

Den Heiligen Geist empfange ich im Sakrament der Firmung, um die Kraft zu bekommen, ein starker Christ zu sein. Daher muss ich auch in Zeiten des geistigen Kampfes auf den Heiligen Geist zurückgreifen.

Wenn ein Paar den Heiligen Geist durch das Sakrament der Ehe empfängt, so empfängt es ein Sakrament, das – gleich einem Fluss – weiter strömt. Bei Bedarf können die Eheleute jederzeit an diesem Fluss verweilen, um aus dem Heiligen Geist die Kraft in ihrem sakramentalen Sein zu schöpfen, gleich Dürstenden, die am fließenden Wasser innehalten, um ihren Durst zu löschen. Verheiratete Christen dürfen ihr Sakrament als eine fließende Kraftquelle erkennen, das ihnen helfen will, ihrem Eheversprechen treu zu bleiben und ihrer Sendung in der Welt gerecht zu werden.

Das Weihesakrament befähigt den Priester, durch seinen Dienst die Gegenwart Christi darzustellen und den Menschen durch die Sakramente Christus zu bringen. Durch die Kraft des Heiligen Geistes ermöglicht dieses Sakrament dem Priester ebenfalls, jeden Tag seines Lebens die priesterliche Berufung voll auszuleben. Die Priesterweihe ist ein Sakrament, das dem Priester jeden Tag hilft, seine Weiheverpflichtungen zu erneuern.

Das Sakrament der Krankensalbung ist viel mehr als ein Ritual, bei dem man zum Priester geht, damit er einen mit Öl salbe. Durch den Heiligen Geist ist es eine Begegnung mit Jesus, dem Heiland. Die Kraft dieses Sakramentes heilt sowohl geistlich als auch körperlich. Ebenso vergibt Jesus dadurch alle Sünden.

Die Taufe im Heiligen Geist – die nicht so sehr ein Sakrament, sondern eher eine aktuelle Gnade ist – befähigt uns, alle Gaben des Heiligen Geistes zu verstehen und zu erfahren. Alle diese Gaben, einschließlich derer, von denen der heilige Paulus in 1 Kor 12 spricht, wirken in unserem Leben, sobald sie benötigt werden.

Die Eucharistie bekam durch die Taufe im Heiligen Geist am Tag meiner Heilung eine neue Bedeutung für mich. Vor diesem Tag maß ich dem Umstand, wie ich Jesus empfangen und was ich tun würde, mehr Gewicht bei. Erst einige Jahre später wurde mir bewusst, dass der wesentliche Aspekt der Eucharistie nicht darin besteht, was ich tue, sondern darin, was Jesus tut und wie ich ihm erlaube, in mir zu wirken. Ich muss den liebenden Jesus mich heilen und mich umwandeln lassen durch seinen Leib und sein Blut. Nicht meine Anstrengung allein, sondern sein Wirken wandelt mich um.

Was Jesus in der Messe vollbringen kann

Diese Wahrheit wurde mir klar, während ich einer Messe im Freien in einer Bergregion Südamerikas beiwohnte. Viele sehr arme Menschen besuchten diese Messe. Der Priester gebrauchte einen alten Tisch als Altar.

Ein kleiner Junge, der an schwersten Verbrennungen

und Entzündungen litt, wurde dorthin gebracht. Mir fällt ein, dass ich dachte: „Du meine Güte, da ist wirklich nichts mehr zu tun, so schlimm ist es! Wir haben hier weder Ärzte noch Medikamente!" Ich bewunderte den Priester. Sein Glaube an Jesus lehrte mich, dass ich Jesus wirken lassen musste, was er nur in und durch die Eucharistie wirken konnte: die Veränderung unseres Lebens.

Wir beteten mit dem kleinen Jungen, dann sagte der Priester zu der alten Frau, die ihn zur Messe getragen hatte: „Lass ihn einfach hier, unter dem Tisch, wir wollen mit der Feier der Eucharistie beginnen." Während die Messe ihren Lauf nahm, war ich überwältigt von der Anteilnahme der Menschen an der Messe. Ich war beeindruckt davon, wie der Priester die Liturgie so bewusst vollzog, dass die Messe für diese armen Leute lebendig wurde. Das Verhalten des Priesters ließ erkennen, wie mitgerissen er von der Messfeier war und dass er ein tiefes, persönliches Vertrauen zu Jesus besaß. Dies übertrug er wirklich auf die Menschen, die an dieser Messe im Freien teilnahmen.

Als die Wandlung bevorstand, hielt ich meine Augen geschlossen. Als ich sie öffnete, bemerkte ich, dass sich alle auf dem Boden ausgestreckt hatten. Sie erhoben ihre Augen, um den Herrn anzubeten. Der Anblick des Ausdrucks auf ihren Gesichtern ließ mich denken: „Sie glauben wirklich, dass dies Jesus ist!"

Als ich die heilige Hostie ansah, erschien in meiner Vorstellung das schönste Abbild Jesu mit ausgestreckten Händen. Er lächelte in großer Liebe und Mitgefühl. Er umarmte diese Armen und sagte: „Kommt her zu mir alle, die ihr müde seid, ich will euch Leben und Vertrauen geben." In diesem Augenblick erkannte ich in den Tiefen meines Herzens: „Liebster Jesus, dies bist wirklich du! Es mag wie Brot und Wein aussehen, doch nur du konntest dir eine so schöpferische Weise ausdenken, um dich den Menschen gegenwärtig zu machen."

Nach der Messe ging ich um die Leute herum, um nachzusehen, wie es dem kleinen Jungen ging. Er war unter den Tisch gelegt worden, der als Altar gedient hatte. Aber dort war er nicht mehr. Ich fragte die Frau, die ihn zur Messe gebracht hatte, wo er sei. Sie deutete auf eine in der Nähe spielende Gruppe von Kindern: „Dort ist er!" Ich sah das Kind an, und es ging ihm gut. Alles an diesem kleinen Körper war heil. Ich sagte laut, doch mehr zu mir selbst: „Was ist mit ihm geschehen?" Die alte Frau sah mich an und sagte: „Was meinen Sie mit ‚was ist mit ihm geschehen'? Ist denn nicht Jesus gekommen?"

Während dieser Messe hatte der Priester – wie bei jeder anderen Messe – die Hände über Brot und Wein ausgebreitet und das Wirken des Heiligen Geistes angerufen, damit Brot und Wein „in den Leib und das Blut des Herrn gewandelt werden". Als der Priester dieses Gebet sprach, kam der Heilige Geist. Aber er war nicht darauf beschränkt, nur das zu wirken, worum der Priester betete. Der Geist ergoss seine Kraft auch über den kleinen Jungen und der Junge wurde verwandelt. Er wurde geheilt und seine Ganzheit wiederhergestellt.

Dieses Kind wurde während der hl. Messe geheilt

Am gleichen Tag, zu Beginn der Messe, sah ich auch einen kleinen Jungen mit einer schlimmen Deformierung des Gesichtes. Am Ende der Messe lief seine Mutter mit dem Kind im Arm zu mir und rief: „Schwester, sehen Sie meinen kleinen Jungen an!“ Das Gesicht des Jungen war geheilt.

Ich war sehr überrascht, doch dieser Priester hatte die große Gabe, die Menschen mit dem lebendigen Jesus bekannt zu machen. Wie die Frau im Evangelium kamen sie zu Jesus mit einem erwartungsvollen Vertrauen. Sie kamen nicht nur, um zu sehen, was der Priester tat, oder um die Predigt bzw. die Messfeier des Priesters zu kritisieren. Es war ihre Eucharistie. Sie kamen, um zusammen mit Jesus ein Fest zu feiern, das seinem Vater dargebracht wurde. Sie wurden zu einem Teil dieses dargebrachten Opfers. Für sie war es eine lebendige Erfahrung mit Jesus.

Ich verließ dieses Bergland mit einem völlig neuen Verständnis der Eucharistie. Es kommt nicht nur darauf an, was ich tun kann, um Menschen in die Messe zu bringen, damit sie ehrfurchtsvoll sind und Jesus sagen, dass sie ihn lieb haben. Das ist zwar sehr gut. Doch es kommt darauf an, was Jesus tun kann und für uns alle tun möchte, für die ganze Welt. Es ist nicht so, dass Jesus darauf angewiesen ist, dass wir in die hl. Messe kommen, vielmehr sind wir auf Jesus angewiesen!

In dieser Nacht konnte ich nicht schlafen. Ich war sehr verwirrt. Es war mir, als ob Gott versuchte, mir etwas zu sagen. Gegen vier Uhr morgens war ich noch immer wach. Ich wälzte mich hin und her. Also stand ich auf, kniete neben dem Bett nieder und sagte: „Jesus, was willst du mir sagen?" Ich fühlte die Antwort des Herrn: „Du musst mich in der Eucharistie bekannt machen. Die Menschen kommen zu dir. Menschen werden von weit her kommen, um Heilung zu suchen. Sie werden sagen: ‚O wenn wir nur Schwester Briege dazu bringen könnten, uns zu berühren', oder: ‚Wenn Schwester Briege uns doch die Hände auflegen könnte, dann würden wir gesund.' Viele machen falsche Götter aus den Menschen im Heilungsdienst. Sie suchen Menschen, und nicht mich. Ich komme tagtäglich in der Eucharistie. Ich versprach dir, Leben zu geben in Fülle, und dich mit Kraft für deine Pilgerfahrt zu erfüllen."

Daraus erkannte ich einmal mehr, dass ich ein Wegweiser zu sein hatte, der auf Jesus hinweist. Seit dieser Gebetserfahrung begann ich, mein Lehren auf die Eucharistie zu konzentrieren.

Glaube statt Gefühle

Menschen begannen, zu mir zu kommen und sagten: „Ich spüre überhaupt nichts in der Messe. Sie langweilt mich. Ich profitiere viel mehr von einem Gebetskreis. Dort geht es lebendig zu und ich fühle mich wohl." Ich antwortete dann stets: „Glauben und etwas spüren sind zwei verschiedene Dinge. Nirgendwo in Gottes Wort sagt Jesus: „Durch dein Empfinden wirst du gerettet!" Oder: „Durch dein Empfinden wirst du geheilt!" Er lobt die Menschen um ihres Glaubens willen. Glauben ist Vertrauen auf das, was wir nicht sehen. Jesus sagte: „Selig sind, die nicht sehen und doch glauben" (Joh 20,29).

Das ist die große Herausforderung an uns Katholiken. Wir können die Eucharistie nicht erklären, weil sie ein Wunder, ein Geheimnis ist. Was zählt, ist nicht das Verstehen im Kopf, sondern das „Daran-glauben" im Herzen. Empfindungen machen den Herrn nicht gegenwärtig in der Eucharistie. Es ist die Kraft des Heiligen Geistes, die durch den geweihten Priester wirkt und Christus für uns in der Eucharistie gegenwärtig werden lässt. Ich spüre vielleicht überhaupt nichts, doch Jesus ist trotzdem gegenwärtig. Umgekehrt kann ich zu einem Gebetstreffen gehen, ein Stück Brot essen und jede Anstrengung unternehmen, Jesus zu vergegenwärtigen, aber das wird ihn nicht herbeiholen. Dazu bedarf es der Kraft der Priesterweihe.

Manchmal frage ich mich, ob ich wirklich glaube, dass Jesus in der Eucharistie gegenwärtig ist. Glaube ich, dass dies das Geschenk ist, von dem Jesus in Johannes 6 gesprochen hat? Erinnern wir uns: Viele von den Jüngern und Mitläufern konnten Jesus nicht glauben, als er sagte: „Amen, amen, das sage ich euch: Wenn ihr das Fleisch des Menschensohnes nicht esst und sein Blut nicht trinkt, habt ihr das Leben nicht in euch" (Joh 6,53).

Es war leicht, Jesus anzunehmen, als er Wunder tat und alle möglichen Zeichen wirkte, aber es ist schwer zu glauben, wenn man nichts verstehen und die Dinge nicht mit eigenen Augen sehen kann. Für den Christen ist das eine Herausforderung. Wir sind aufgerufen, an die Gegenwart Jesu in der Eucharistie und an seine Liebe zu uns zu glauben.

Genau der gleichen Herausforderung mussten seine ersten Jünger sich stellen. Für sie war es sogar noch schwerer. Sie hatten noch nicht unseren Vorteil zu wissen, dass Jesus von den Toten auferstanden ist, ebenso wenig hatten sie das Zeugnis der Apostel nach Pfingsten und die zweitausend Jahre der Überlieferung.

Stellen wir uns diese Szene vor: Da steht Jesus in seinem einteiligen weißen Gewand. Er spricht zu allen seinen Jüngern, kurz nachdem er die Brotlaibe und Fische vermehrt hat, um ihren Hunger zu stillen. Jesus sagt ihnen, dass er sie liebt. Er ist das Brot des Lebens. Er wird sich ihnen selbst zur Nahrung geben. Sie müssen seinen Leib essen und sein Blut trinken. Er sagt ihnen, sie seien ihm nur nachgefolgt, weil er sie durch ein Wunder sättigte, doch sei er in Wahrheit das Brot, das vom Himmel herabkommt. Es ist nicht das Manna des

Moses, das sie rettet, weil jenes nicht das ewige Leben gibt. Das Brot aber, das er gibt, kommt vom Vater und schenkt ewiges Leben. Jesus sagt ihnen, dass er dieses Brot ist. Immer wieder sagt er ihnen, sie müssten sein Fleisch essen und sein Blut trinken.

Lesen wir dies im sechsten Kapitel des Johannesevangeliums nach. Jetzt kommt der Moment, da die Jünger Jesus groß anschauen, denn es fällt ihnen schwer zu glauben, was er sagt. Wie können sie sein Fleisch essen und sein Blut trinken? Was ist das für eine Lehre? Das klingt ganz schön schrecklich! Sie sehen diesen Mann an und er sagt ihnen, er selbst werde sich ihnen zur Nahrung geben.

Erinnern wir uns: Das war vor der Auferstehung! Sie lebten mit Jesus zusammen, als er noch in seinem Körper unter den Menschen weilte. Er sah aus wie jeder andere Mann, denn er war wirklich ein Mensch, wahrhaft menschlich. Er forderte von ihnen, eine sehr schwierige Sache zu glauben. Viele sagten: „Na, bis hierher war er sehr vernünftig, aber hört ihr, was er jetzt zu uns sagt? Wir sollen sein Fleisch essen, nur so geht es, dass wir Leben empfangen?!“ Viele schüttelten nur den Kopf und verließen Jesus.

Wie reagierte Jesus? Ging er ihnen nach und sagte: „Nun, geht doch nicht weg! Ihr missversteht mich! Ich erkläre es euch später!“ Oder sagte er: „Ich werde es euch leichter machen zu glauben. Ich meine es ja nicht so, wie ihr meint, dass ich es meine!“ All das sagte er nicht. Weißt du, wie er reagierte? Er ließ sie gehen.

Er war betrübt, dass so viele ihn in Frage stellten und nicht länger mit ihm gehen wollten. Dann wandte er sich an die Männer, die später bevollmächtigt sein würden, ihn als Speise für seine Kirche verfügbar zu machen. Er forderte sie heraus: „Und ihr? Wollt auch ihr weggehen?“ Er machte es ihnen nicht leicht. Können wir uns die armen Jünger vorstellen? Sie liebten ihn wirklich. Aber sie müssen gedacht haben: „Das ist mit Sicherheit schwer zu begreifen!“ Petrus, derjenige, den Jesus erwählen würde, sein Volk zu leiten, sprach für die anderen.

Weiter lesen wir, dass Petrus den Meister ansah und sagte – obwohl er unmöglich verstehen konnte, was Jesus meinte: „Herr, zu wem sollen wir gehen? Du hast Worte des ewigen Lebens. Wir sind zum Glauben gekommen und haben erkannt: Du bist der Heilige Gottes“ (Joh 6,68-69).

Sie akzeptierten es. Sie akzeptierten Jesus und liebten ihn so sehr, dass sie glauben konnten, was er sagte, selbst wenn sie nicht verstanden, wie es geschehen könnte. In Harmonie mit dem Glauben der katholischen Kirche und den Lehren der Kirchenväter muss jeder Katholik in der Lage sein, die Worte des Petrus nachzusprechen: „Zu wem sollen wir gehen? Wir sind zum Glauben gekommen und haben erkannt, dass du der Sohn Gottes bist!“

Als römisch-katholische Christin glaube ich, dass der Stellvertreter Christi die Gesinnung Jesu Christi authentisch repräsentiert. Da mag es viele Dinge geben, die er lehrt, welche wir nicht verstehen oder nur schwer akzeptieren können. Es gibt einige Dinge, die wir als Katholiken vielleicht nicht annehmen können, weil sie zu hart erscheinen. Ich danke Gott, dass er mir den Glauben geschenkt hat, den Papst anzuschauen und zu sagen: „Ja, ich glaube, dass er derjenige ist, den Jesus Christus erwählt hat. Ich liebe die katholische Kirche und ich glaube." Ich bin davon überzeugt, dass der Herr unseren Glauben respektieren wird, so wie er den der Apostel würdigte. Er wird unseren Gehorsam seinem Wort gegenüber, das uns durch das Lehramt seiner Kirche ausgelegt wird, unsere Treue zu den Überlieferungen, Lehren und Dogmen unseres Glaubens anerkennen.

Wir sollten darüber nachdenken, was Jesus tat, nachdem Petrus ihm seinen Glauben bekannt hatte. Jesus redete nicht nur, ohne etwas zu tun. Sein Lehren war zugleich Prophetie. Wenn wir nochmals bei Johannes 6,53 lesen, sehen wir, dass Jesus nicht sagte: „Nun, dies sieht wie heiliges Brot aus", oder: „Dieses Brot wird gesegnet sein." Nein, er sagte: „Ich bin das lebendige Brot, das vom Himmel herabgekommen ist. Wer von diesem Brot isst, wird in Ewigkeit leben. Das Brot, das ich geben werde, ist mein Fleisch, (ich gebe es hin) für das Leben der Welt." Und im Passah-Bericht bei Matthäus, Markus und Lukas sagt Jesus: „Nehmt und esst; das ist mein Leib, der für euch hingegeben wird. Dies ist mein Blut, das Blut des Bundes, das für viele vergossen wird zur Vergebung der Sünden" (vgl. Mt 26,26ff).

Die Messe und der Glaube an die Eucharistie haben nichts mit Gefühlen zu tun. Ich bin mir sicher, dass die Apostel nichts Großartiges gespürt haben, als sie zu diesem Glauben herausgefordert wurden, zum Glauben an das, was sie bisher weder gesehen hatten noch verstehen konnten. So ergeht es uns in der Messe. Wir gehen jeden Sonntag zur Eucharistie mit dem Glauben des Petrus und sagen: „Ich glaube, dass dies der lebendige Christus ist, der heute auf unseren Altar herab gekommen ist. Ich werde wirklich ihn empfangen."

Eine weitere Einsicht hilft mir dabei, dieses große Geheimnis der Eucharistie anzunehmen. Nehmen wir beispielsweise ein Fernsehgerät. Ich kann ein Ereignis wie die Olympischen Spiele noch Monate, nachdem sie sich ereignet haben, ansehen und mich dermaßen daran begeistern, wie wenn ich dabei gewesen wäre, als sie stattgefunden haben. Ich kann mich mit den Läufern und Schwimmern anstrengen und mit der Menge jubeln. Ich sitze unruhig auf meinem Stuhl auf der Suche nach meinem Lieblingssportler. Wenn ich ein solches Ereignis mitverfolge, ergeht es mir so, wie wenn ich mittendrin wäre.

Ich glaube, dass wir durch die Messe, durch die Kraft des Heiligen Geistes, wirklich in einer unblutigen Weise das Opfer von Golgota, die Passion, den Tod und die Auferstehung Christi miterleben.

Jesus hat nur einmal gelitten. Er ging durch seine Passion, seinen Tod und seine Auferstehung nur ein einziges Mal. Wie wir aus dem Hebräerbrief erfahren, brachten die jüdischen Priester ständig Opfer dar, um sich von Sünden zur reinigen und um Sühne zu leisten. Jesus hingegen brachte nur ein Opfer dar, und dies war hinreichend zur Reinigung und Erlösung der Welt, für alle Menschen aller Zeiten. Täglich durchleben wir mit Jesus diesen Opfergang im unvorstellbaren Wunder der heiligen Messe.

Wenn ich wahrhaftig glaube, dass ich Jesus ganz lebendig in der Messe begegne, so erkenne ich, dass ich ihm auf zweierlei handfeste und machtvolle Arten begegne. Ich begegne ihm in der Lesung des Wortes Gottes. Der Diakon oder der Priester, der die Heilige Schrift verkündet, stellt mir tatsächlich ein lebendiges Wort vor, zu meiner Reinigung, um mich zu heilen und zu befreien. Wenn ich die Eucharistie empfange, empfange ich Nahrung für meine Seele.

Am Tisch des Herrn bekomme ich Wegweisung und Geleit für mein Fortschreiten durch das Leben. In der Eucharistie erhalte ich Speise zur Kräftigung, damit ich das, was ich gerade in der Schrift vernommen habe, im Leben umsetzen kann.

Jesus in der Eucharistie berühren

Anhand zweier Ereignisse, die das biblische Thema illustrieren, Jesus auf diese beiden Arten zu begegnen, werden wir wieder an die Geschichte der Frau erinnert, die den Saum des Gewandes Jesu berührte.

Die erste Geschichte ist die eines jungen Priesters.

Er rief mich sehr verstört und voller Angst an. Soeben hatte er erfahren, dass er Stimmbänder-Krebs hat, und in drei Wochen sollte sein Kehlkopf entfernt werden. Wie er mir sagte, war er verzweifelt. Seine Priesterweihe lag erst sechs Jahre zurück.

Als ich mit ihm betete, spürte ich, dass der Herr von mir erwartete, mit ihm über die Eucharistie zu sprechen. Ich sagte zu ihm: „Herr Pfarrer, ich kann jetzt am Telefon mit Ihnen beten und will das auch tun. Doch sind Sie nicht erst heute Morgen Jesus begegnet? Begegnen Sie ihm nicht jeden Tag?“ Was ich nicht wusste, war, dass er nicht jeden Tag die Messe feierte. Ich fuhr fort: „Herr Pfarrer, jeden Tag, wenn Sie zur Messe gehen, wenn Sie die heilige Hostie erheben, wenn Sie sie verzehren, dann begegnen Sie Jesus. Die Frau berührte nur den Saum seines Gewandes, doch Sie berühren ihn und empfangen ihn mit Ihrem Leib. Er ist Nahrung für Sie. Ist Ihnen klar, dass Jesus tatsächlich durch Ihre Kehle geht? Es gibt keinen Besseren, zu dem man gehen könnte, als Jesus! Bitten Sie Jesus um Heilung.“ Am Telefon hörte ich, wie er weinte. Er wiederholte ein ums andere Mal: „O Schwester, danke, danke!“

Nach drei Wochen sollte er sich der Operation unterziehen. Später rief er mich an und erzählte, die Operation sei nicht mehr nötig gewesen. Die Ärzte bemerkten, dass der Krebs verschwunden war und seine Stimmbänder wie neu aussahen.

Seinen Namen fand ich nie heraus. Nach einem Jahr erhielt ich durch einen seiner Freunde eine Nachricht von ihm. Vor seiner Krankheit hatte der junge Priester aufgehört, die Messe außerhalb des Sonntags zu zelebrieren. Er war sehr leichtfertig mit ihr umgegangen. Gott benutzte die Erfahrung der Krebserkrankung dazu, sein Leben zu verwandeln. Der Priester wurde vollkommen gesund, jedoch nicht nur körperlich. Er wurde ein Priester, für den die Eucharistie im Zentrum stand. Die Eucharistiefeier wurde für ihn zu einer Zeit, in der er dem lebendigen Jesus begegnete, wie die Frau am Jakobsbrunnen (vgl. Joh 4). Dieser Priester begann, Jesus regelmäßig am größten aller Brunnen zu begegnen, aus dem man trinkt und niemals mehr dürstet. Ja, Wunder geschehen wirklich!

Eine andere Heilung durch die Eucharistie geschah in Sydney, Australien. Eine Frau kam, um die Vorträge von Pater Kevin Scallon und mir anzuhören. Sie begegnete mir in einem Flur und bat mich, mit ihr zu beten. Sie war verzweifelt, weil sie an Magenkrebs litt; der Tumor war zu einer großen Geschwulst angewachsen. Die Ärzte hatten ihr gesagt, eine Operation mache wenig Sinn, da die Metastasen bereits zu weit gestreut hatten.

Ich wusste, dass am Nachmittag eine Messe auf dem Programm stand, und so sagte ich ihr, ich würde mit ihr beten, doch ich sagte ihr auch, sie sollte zur Messe gehen und Jesus um Heilung bitten.

Ihre Hauptsorge war die Angst vor dem Tod. Sie sagte: „Schwester, ich habe solche Angst vor dem Tod! Wenn Gott nur diese fürchterliche Angst von mir nehmen würde!" Mein Rat für sie war: „Gehen Sie und begegnen Sie Jesus in der Eucharistie. Obwohl ich niemandem sagen kann, er werde so geheilt, wie er es möchte – denn ich bin nicht Gott –, wird Jesus Ihnen sicherlich die Kraft schenken, um all das anzunehmen, was noch im Leben vor Ihnen liegt. Wenn er Sie durch das Tor des Todes geleiten will, wird er Ihnen die Gnade schenken, ohne diese fürchterliche Angst hindurch zu gehen. Und wenn Sie weiterleben sollen, wird er Ihnen die Gnade des Lebens schenken." Dies sagte ich, ohne zu wissen, dass sie bereits zu Pater Kevin gegangen war, der ihr dasselbe gesagt hatte.

Es war noch früh am Tag, einem Samstag. Am Abend, als wir eine Versammlung hatten, lief eine Frau den Mittelgang im Saal nach vorn, umarmte mich und rief: „Schwester, es ist passiert, es ist passiert!" Ich wunderte mich, wer diese Frau wohl war und was geschehen sein mochte. Ich fragte: „Was ist passiert?" Sie sagte: „Sehen Sie mich an! Ich war heute Morgen bei Ihnen. Dann ging ich zur Messe, wie Sie es mir rieten. Während ich zur Kommunion ging, sagte ich zu mir: In wenigen Minuten werde ich Jesus begegnen und ich will ihn um Hilfe bitten."

Obwohl sie eine Katholikin war, die häufig die Kommunion empfing, sah sie diesmal die heilige Hostie an und sagte: „Ich weiß, du bist wirklich gegenwärtig. Wenn du heute in mich eingehst, nimm bitte diese Angst von mir. Heile mich, wenn du willst, tue bitte etwas für mich!"

Sie erzählte weiter: „Ich hatte eben gerade die Hostie heruntergeschluckt, als ich fühlte, wie wenn etwas in meiner Kehle bis hinunter in meinen Bauch brannte. Ich schaute auf meinen Bauch herunter – und die Geschwulst war weg!"

Die Frau war geheilt. Ich möchte wissen, wie viele von uns zur Eucharistie kommen und nur körperlich anwesend sind, ohne irgendeinen erwartungsvollen Glauben, ohne Begeisterung über das, was wir gerade erleben. Vielleicht gehen wir nur wegen eines Vorteils, den wir dadurch haben, zur Eucharistie, und vielleicht danken oder loben wir Gott nicht dafür, dass er selbst sich uns hingibt.

Glaube ist eine Entscheidung. Wir müssen uns dabei anstrengen. Man könnte in Bezug auf die Messe sagen: „Ich verstehe es nicht! Ich empfinde nichts, aber ich vertraue." Wenn wir in der rechten Einstellung zur Messe gehen, wird unser Leben sich ändern. Unsere Kirchen sind oft voller Menschen, die kommen und in der gleichen Verfassung wieder nach Hause gehen. Fragen wir uns selbst: „Liegt es an Jesus? Hat er sich geändert? Erfüllt er nicht sein Versprechen?"

Oder könnte es sein, dass ich nicht den erwartungsvollen Glauben habe, der ihm erlaubt, mein Leben zu berühren und auf meine Nöte einzugehen? Er ist derselbe Jesus, gestern, heute und für alle Zeit. Er ist der Jesus, der im Evangelium heilte. Also muss er sein Versprechen einlösen, sich der Nöte seines Volkes anzunehmen.

Wir können den Priester für unseren Mangel an Glauben verantwortlich machen, wenn wir sagen, er sei langweilig, ohne Charisma, zu laut oder zu schüchtern. Der Priester ist gar nicht die Streitfrage, sondern es geht um unseren eigenen Glauben. Es stimmt, ein vom Glauben erfüllter Priester kann uns mit beachtlichen Schritten näher zur würdigen Anbetung führen. Deshalb fordere ich die Priester im Rahmen meiner Seelsorge stets zu größerem Glauben auf.

Wir müssen über uns hinausblicken – und über die menschliche Natur des Priesters hinweg –, um zu erkennen, was er bei der Messe verkörpert und was er tut. Als Katholikin weiß ich, dass ich den Priester nicht zwischen mich und Jesus in der Eucharistie treten lassen darf.

Die Kirche verpflichtet uns nicht deshalb, die Messe zu besuchen, weil Jesus uns bräuchte, sondern die Kirche weiß – wie alle guten Mütter –, dass wir das Brot des Lebens brauchen, um in einer Welt zu leben, die, wie Jesus selbst schon sagte, uns hassen wird, weil sie ihn schon zuvor gehasst hat.

Wir brauchen Kräftigung für unsere Reise: Nahrung für die Seele und Nahrung für den Leib. Das ist es, was Jesus uns in der Messe schenkt.

Aus den Menschen erwählt

Der Herr ist ein Gott großer Liebe. Er sorgt für uns in jeder Hinsicht. Er hat uns die Sakramente gegeben, um uns bereit zu machen und zu kräftigen auf unserer Pilgerfahrt durch dieses Leben.

Da ich hier nicht über jedes Sakrament im Detail sprechen kann, würde ich gern mit dem Leser über ein Sakrament nachdenken: ein Sakrament, das unser aller Leben anrührt; eines, das heutzutage unter schwerem Beschuss steht. Ich spreche vom Sakrament der heiligen Weihen, vom Sakrament der Priesterweihe.

Weil das Priesteramt unter so schweren Angriffen zu leiden hat, braucht es vielleicht mehr denn je zuvor unsere Ermutigung und Unterstützung, die in unserer Dankbarkeit gegenüber Gott für seine große Güte wurzelt. Für uns alle, Priester wie Laien – Menschen auf dem Weg –, ist dieses Sakrament wieder ein wunderschöner Ausdruck der Treue Gottes, uns in unserer Zeit seine prophetischen Lehren zu geben und diese zu erfüllen.

Das Priesteramt ist ein Geschenk, durch welches jeder Katholik berührt wird. Durch das Sakrament der Priesterweihe dürfen und können wir das Brot des Lebens empfangen. Erst durch dieses Sakrament können wir das Sakrament der Krankensalbung und das Sakrament der Versöhnung empfangen.

Außer diesen speziellen Sakramenten, diesen unleugbaren Augenblicken der Gemeinschaft mit dem

Leben spendenden, vergebenden und heilenden Jesus berührt uns das Priesteramt auf vielerlei erfreuliche Art. Zum Beispiel ist der Priester zur Stelle, wenn wir trauern. Er ist da bei der Hochzeit, wenn wir mit Freude und Hoffnung erfüllt sind. Er ist da als ein Vater, der Rat gibt, Weisung und Ermutigung schenkt.

Das Priesteramt beeinflusst das Leben eines jeden von uns. Es berührt sogar das Leben derjenigen, die nicht zur Kirche gehen, denn der Gemeindepfarrer betet täglich für alle Gemeindemitglieder, für die Umkehr der Sünder, für die Versöhnung von Menschen, die der Kirche entfremdet sind. Er leitet die gesamte Glaubensgemeinschaft zum Gebet um Frieden, für die Armen, für die Sünder. Deshalb, und weil unsere Priester unter Beschuss stehen, möchte ich gemeinsam mit dem Leser über das Sakrament der Priesterweihe nachdenken.

Als junge Schwester hatte ich das große Privileg, unter den Einfluss von Mutter Agnes O'Brien O.S.C., einer sehr heiligmäßigen Frau, zu kommen. Sie war die Generaloberin unserer Kongregation. Mutter Agnes hatte eine große Ehrfurcht und Liebe für das Priesteramt; sie sprach oft zu mir mit tiefer Dankbarkeit darüber. In den mit ihr verbrachten Stunden während ihrer Krankheit bereitete Gott mich vor für die Aufgabe, die er mir später auftragen würde, besonders für meine Arbeit mit Priestern.

Angriffe auf das Priestertum

In den frühen sechziger Jahren des zwanzigsten Jahrhunderts wurden durch das Zweite Vatikanische Konzil viele Änderungen in der Kirche eingeführt. Diese Änderungen hatten eine dramatische Auswirkung auf das Priestertum. Damit änderten sich auch die Einstellungen gegenüber dem Priesteramt. Früher wurde der Priester auf einen Sockel gestellt, und wir ließen ihn dort oben, weil es sicher war, ihn dort oben zu haben. Wir wünschten keinesfalls, dass er von dort oben herunterkomme, denn dies hätte uns zu sehr herausgefordert.

Auf mancherlei Art war der Priester vom Volk getrennt. Oftmals war er der einzige studierte Mann in der Gemeinde. Er war derjenige, den die Leute automatisch in jedweder Not aufsuchten. Die Menschen glaubten, er sei ein Mann Gottes, ein Auserwählter.

In jüngster Zeit haben wir die Priester offen kritisiert. Es gab häufig Unruhen und manche Priester gaben ihr Amt auf. Ich entdeckte bei mir selbst in den frühen siebziger Jahren, zu Beginn meines Heilungsdienstes, dass ich sehr verurteilend und kritisch gegenüber gewissen Einstellungen und Meinungen innerhalb des Klerus reagierte.

Als ich eines Tages in der Kapelle war und meine Gedanken um dieses Thema kreisten, fragte ich den Herrn: „Was ist falsch mit den Priestern?“ Seine Antwort lautete: „Was meinst du, was falsch sein soll am Priesteramt? Habe ich jemals ein Geschenk gegeben, das nicht perfekt ist? Was hast du getan und wie hast du mir gedankt für dieses Geschenk des Priestertums, das dein Leben und das der ganzen Menschheit beeinflusst?"

Hierdurch enthüllte mir der Herr, dass ich nicht einfach, bequem zurückgelehnt, das Priestertum kritisieren konnte. In der Tat sagt der Priester im Sakrament der Priesterweihe „ja" zu Gott, so dass der Priester für mich, für dich, für jeden einzelnen Priester sein kann. Jesus führte mich hinein in etwas, das eine Abfolge von Bildvisionen über dem Tabernakel zu sein schien. Da sah ich die Weihe eines Priesters – durch die Augen des Herrn.

Wenn wir einen Wandteppich anschauen, sehen wir nur das fertige Resultat des künstlerischen Wirkens. Wir bemerken nicht all die Arbeit und Liebe, die zu seiner Fertigstellung erforderlich war. Immerhin sehen wir auf der Rückseite all die vielen Fäden und Stiche, all die Arbeit, die zur Herstellung dieses schönen Kunstwerks notwendig war.

Ebenso verhält es sich, wenn wir einen Priester anschauen: Wir erkennen offensichtliche Stärken und Schwächen. Aber wir blicken nicht hinter die Kulissen, wo der Herr in Liebe und Treue die Seele mit der priesterlichen Berufung ausgestattet und ihn zur Weihe geführt hat. Ich musste weinen, als ich diese mächtige Enthüllung des Priesterdienstes sich entfalten sah und erkannte, was es für einen Mann bedeutete, zum Priester geweiht zu werden. Ich bekam ein Gespür dafür, dass alle im Himmel Versammelten – Maria, die Engel und alle Heiligen – Gott lobten für seine Treue gegenüber der Menschheit durch seinen Ruf an die Männer jedes Zeitalters, denen Gott die Vollmacht schenkte, ihn für sein Volk gegenwärtig zu machen.

Durch diese Erfahrung bekam ich ein neues Verständnis für das Priesteramt. Ich erhielt neue Liebe und eine tiefe Ehrfurcht vor dem Sakrament der Priesterweihe. So verstand ich, dass das Priesteramt nicht durch menschliche Mittel erreicht werden kann. – Es ist kein Geschenk, das jemand verlangen kann, um auf die gleiche Stufe mit anderen gestellt zu werden. Es hat nichts mit Ebenbürtigkeit zu tun. Es entspricht eben einem Geschenk. Geschenke kann man weder fordern noch erzwingen. Ein Geschenk wird freiwillig gegeben. Gott schenkt diese Gabe aus seiner Großzügigkeit heraus. Er gibt diese Vollmacht – seine Kraft – der Menschheit, um uns zu befähigen, dass wir uns von ihm durch das Brot des Lebens nähren.

Durch dieses große Gefühl der Dankbarkeit für das Priesteramt führte mich der Herr zum Verstehen dessen, was er an diesem Morgen von mir erwartete. Er zeigte mir eine Gruppe sehr hungriger Menschen. Der Herr sagte: „Siehst du diese Leute? Sie kommen zu dir, weil sie Hilfe suchen, um geheilt zu werden. Sie kommen zu dir, weil sie hungrig sind. Es kommt eine Zeit, da eine große Hungersnot ausbrechen wird, und sie werden nach dem Brot des Lebens hungern. Ich bin das Brot des Lebens!“

Dann erlaubte er mir einen Blick auf das Kommende. Die Menschen würden sich gegen das Priesteramt wenden und anfangen, es nur als einen Job zu betrachten. Er zeigte mir eine priesterliche Berufung als ein kleines Samenkorn, das er in die Herzen vieler junger Männer gesät hatte, jedoch die Saat wurde nicht genährt, konnte nicht wachsen und Frucht tragen.

Gott enthüllte mir auch, dass sich eine Zeit nähert, in der Familien das Priesteramt nicht mehr als eine Gabe ansehen würden, die sie für ihre Söhne wünschten. Wir würden ein Umfeld der Gottesferne erschaffen, heidnisch und materialistisch, verwurzelt in der Weisheit der Welt. Durch diese Gesellschaft würden junge Männer, die den Samen der priesterlichen Berufung in sich trügen, nicht fähig sein, ihr zu folgen. Die Saat würde nicht aufgehen. Sie würden den durch Materialismus und elterliche Gleichgültigkeit gedämpften Ruf nicht vernehmen können.

Nach und nach würde nun das Priestertum dort sterben, wo es nicht willkommen ist, wo es von den Katholiken nicht verteidigt würde. Das Priestertum würde nicht deshalb sterben, weil die Gabe nicht mehr verliehen würde, sondern weil wir sie ablehnten, weil wir sie nicht wollten, denn wir hätten die falschen Götter des Materialismus und der verwässerte Religiosität gewählt.

Ich wurde gewahr, dass viele Angriffe aufgrund von Geschwätz und Kritik entstehen würden. Geschwätz und Kritik gießen Öl ins Feuer. Die Schwierigkeiten, die manche Priester erfahren, sind schlimm genug, doch viele Katholiken blähen den Skandal auf, indem sie Katastrophenmeldungen in der Familie und unter Freunden verbreiten, und so unterstützen sie den Plan des Bösen, das geheiligte Geschenk des Priestertums weiter zu zerstören. Diese Einstellung vermehrt die Schwierigkeiten von Priestern zusätzlich, die gegen die Sünde in ihrem Leben ankämpfen.

Ich empfand, dass der Herr zu mir sagte: „Ich will, dass du in die Welt gehst, um meinen Gläubigen zu sagen, dass das Priestertum ein Geschenk für sie ist, das sie ernährt und kräftigt. Ich möchte, dass du zum Gebet für die Priester aufrufst, dass meine Priester geliebt werden und dieses Sakrament verehrt wird. Wenn mein Volk das Priestertum liebt, ihm ehrfurchtsvoll und dankbar begegnet, werden priesterliche Berufungen aus ihrer Mitte erblühen. Für junge Männer wird es eine Freude sein, ja zu dieser Berufung zu sagen, weil sie sowohl durch ihre Gemeinden als auch von ihren Familien unterstützt werden."

Meine erste Aufgabe war, in die Welt zu gehen, um sowohl Laien als auch die Priester aufzurufen, die Bedeutung und Macht dieses Sakraments zu erkennen. Seit der Zeit der Apostel sind wir von Gott mit Priestern gesegnet worden, die uns Jesus in der Eucharistie und durch die Verkündigung seines Wortes gegenwärtig machen.

Durch alle Jahrhunderte hindurch haben die Mächte des Bösen versucht, das Priestertum zu zerstören. Unzählige Geschichten schildern uns, wie in kommunistischen Ländern Priester „unschädlich“ gemacht, ins Gefängnis geworfen und gefoltert wurden.

Und sogar in den sogenannten christlichen Nationen beobachten wir einen Anstieg des Antiklerikalismus. Manche Menschen weiden sich heute an Nachrichten über einen Priester, der seiner Berufung untreu wird oder irgendeine Art von öffentlichem Skandal verursacht. Es scheint einen triumphierenden Ungeist zu geben, wenn Leute auf zynische Weise prahlen: „Da verschwindet wieder so ein Priester!“

Angriffe gegen die Priester sind ein Angriff gegen uns als Katholiken. Als ich das erkannte, hörte ich den Herrn zu mir sagen: „Du sollst meinem Volk sagen, dass der Böse jeden von euch täuscht, wenn ihr anfangt, dieses Geschenk des Priestertums abzulehnen, wenn ihr versucht, es auf rein menschliche Basis zu stellen, wenn ihr sagt, es sei nur ein Job, ein Brotberuf.“

Die zweite Sendung wurde mir durch eine innere Erscheinung deutlich gemacht, welche mich zutiefst berührte. Es war, als ob ich neben Jesus stehen würde, und er ließ mich auf die Stadt Jerusalem blicken. Die Stadt war voll von Priestern und Bischöfen. Plötzlich begann Jesus zu weinen. Er sagte zu mir: „Briege, dies sind die Männer, die ich zu Hirten meines Volkes erwählt habe, um mein Volk zu nähren, zu ermutigen und zu leiten. Sie verlieren das Vertrauen zu mir. Sie suchen die Weisheit der Welt. Sie leugnen meine Macht und wählen die weltliche Macht.“ Er enthüllte mir, dass es eine große Krise unter den Priestern geben werde. Die Priester würden ihren Glauben an Jesus verlieren und nicht mehr an seine Kraft glauben, welche durch die Priesterweihe in ihnen wirkt.

Ich spürte die Bitte Gottes an mich, in die Welt zu gehen und Bischöfe sowie Priester durch dieses Wort zu erinnern: „Es ist nicht Demut, die Macht des Priestertums zu leugnen; aber es ist Demut, anzuerkennen, dass ich die Priester auserwählt habe. Ich habe sie nicht auserwählt, weil sie heilig wären oder besser als andere, sondern sie wurden von mir erwählt aufgrund meiner Gnade, meiner Liebe und meines Mitgefühls mit der Menschheit. Aufgrund dieser Gnade, Liebe und Barmherzigkeit gebrauche ich sie, um mich gegenwärtig zu machen. Wie sehr aber verlangt es mich, dies wirksamer durch sie zu tun! Gehe hinaus und befiel ihnen, an mich zu glauben!"

Als ich aufstand, um die Kapelle nach beinahe vier Stunden zu verlassen, hatte sich meine Einstellung geändert. Auch im einundzwanzigsten Jahrhundert gibt Gott uns noch das Geschenk des priesterlichen Dienstes. Meine Einstellung hinsichtlich der Menschlichkeit der Priester änderte sich. Mir wurde die Notwendigkeit, für die Priester zu beten, viel bewusster, auf dass sie wirklich Männer des Glaubens seien!

Wie man Kinder über das Priestertum belehrt

Ich beschloss, bei meinen Erstklässlern zu beginnen. Jeden Tag betete ich mit ihnen und sprach mit ihnen über das Priestertum. Ich ließ einen mir bekannten Priester, Pater Harold Cohen aus New Orleans, kommen, um die Messe für die Kinder zu feiern und ihnen die Bedeutung der Eucharistie zu erklären. Ich bat ihn, ihnen den Unterschied zwischen ihrem Vater und einem Priester zu erklären: Weshalb der Priester berufen war, „Vater“ zu sein, jedoch in anderer Weise als ihre Väter; und wie der Priester sein ganzes Leben Jesus weiht, damit der Herr durch den Priester wirken und dienen konnte.

Pater („Vater“) Harold hatte eine Kerze und einen Korb mit in die Klasse gebracht. Er erzählte den Kindern die biblische Geschichte, dass man sein Licht nicht unter den Scheffel stellen solle und dass ein Priester ein Mann ist, der Licht in die Welt bringt. Pater Harold erklärte, was geschieht, wenn er seine Hand über den Kelch und die Hostie hält und den Heiligen Geist bittet herabzukommen, damit der Herr wahrhaftig gegenwärtig wird. Nach der Messe fragte ich die Kinder, ob jemand mir sagen könne, was ein Priester sei. Ein kleiner Junge zeigte auf und meinte: „Ein Priester ist einer, der die Kerzen der anderen anzündet.“ Stimmt das nicht? Der Priester bringt all seinen Brüdern und Schwestern in der Welt das Licht Christi. Diese kleinen Erstklässler machten mir die Macht des Gebets sowie die Notwendigkeit des Gebets für die Priester bewusst.

Durch die Kinder wurde ich auch zum Zeugen der großartigen Heilung eines Priesters: Ich hatte einen Priester auf einem Gebetstreffen kennengelernt. Er steckte gerade in einer handfesten Krise und stand kurz davor, sein Priestertum aufzugeben. Ich versprach, diese Erstklässler für ihn beten zu lassen. Die Kinder beteten. Sie beschlossen, dem Priester zu schreiben. Da ich sie nicht mit seinem Problem vertraut gemacht hatte, sondern sie nur darum gebeten hatte, um seine Heilung zu beten, dachten sie, er sei krank oder habe einen Unfall gehabt. Ihre Briefe und Zeichnungen zeigten ihn im Bett mit seinem Bein in einer Schiene und mit Bandagen um seinen Kopf.

Nach einigen Monaten rief der Priester mich an und teilte mir mit, er wolle einen Abstecher zu mir nach Florida machen, nur um mit den Kindern zu sprechen. Er kam und brachte ihre Briefe mit – und einen großen Beutel Bonbons, was den Kindern natürlich mächtig gefiel. Er erzählte ihnen, dass er eine schlimme Zeit hinter sich gehabt habe. Er habe aufgehört, mit Jesus zu sprechen. Doch aufgrund ihrer Gebete werde er weiterhin Priester bleiben, und sei jetzt wieder eng mit Jesus befreundet.

Später erzählte er mir, besonders der Brief eines fünfjährigen Mädchens habe ihn zutiefst berührt. In diesem Brief hatte sie geschrieben, dass ich ihnen erzählt hatte, er sei krank. Sie schrieb: „Ich weiß, dass du jetzt nicht tun kannst, was Jesus gerade jetzt von dir haben möchte. Doch wir haben Jesus gebeten, dir zu helfen. Du bist für Jesus etwas ganz Besonderes. Wir wissen, dass Jesus dich gesünder machen wird. Wir brauchen dich und haben dich lieb. Wir hoffen, dass du uns besuchst, wenn es dir wieder besser geht!"

Als der Priester diesen Brief las, traf es ihn ins Herz, und der Herr sprach zu ihm: „Dieses kleine Kind hat es verstanden. Dieses kleine Kind weiß, was dein Priestertum bedeutet. Aber weißt du es eigentlich?" Damals begann er wieder zu beten, und sein Leben verwandelte sich. Dies war eine große Freude für mich, denn es bestätigte das, was Jesus mir in der Kapelle gesagt hatte: dass sich die Priester erneuern würden, wenn ich andere Menschen dazu bringen würde, für sie zu beten und Fürbitte zu leisten.

Einige Monate nach dem Erlebnis in der Kapelle rief Pater Cohen mich an und fragte, ob ich ihm bei einem Einkehrtag für Priester helfen könnte. Meine spontane Reaktion war: „Herr Pater, ich kann nicht auf einen Priester-Einkehrtag gehen! Ich bin Lehrerin für Erstklässler und kann nicht kommen. Es wäre nicht möglich. Mein Rektor könnte mich nicht entbehren." Ich brachte all diese Ausflüchte vor, weil ich Angst hatte. Pater Cohen antwortete: „Briege, wissen Sie, es würde den Priestern gar nichts schaden, wenn sie zur Abwechslung mal Erstklässler sein könnten. Ich glaube, der Herr will, dass Sie kommen!" So ging ich zu meiner Oberin, und zu meinem Erstaunen sagte sie: „Briege, ich meine, es wäre eine großartige Idee, dass Sie reisen!"

Ich hatte Angst. Noch nie hatte ich Priestern einen

Vortrag gehalten. Ich fand heraus, dass einige dieser Männer eher unwillig zu diesen Einkehrtagen gingen. Sie waren von ihrem Bischof aufgefordert worden, mehr über die Charismatische Erneuerung zu erfahren. Es lag ihnen gar nicht viel an der Erneuerung, und auch die Vorstellung von der Anwesenheit einer Ordensfrau auf dieser Tagung vermehrte ihre Begeisterung mitnichten.

Als ich Pater Cohen bei seinem Einführungsvortrag sagen hörte, der Heilige Geist sei derjenige, der diese Tagung leite, dachte ich: „Das will ich hoffen, weil ich so viel Angst habe!“ Zu meinem Entsetzen war Pater Cohen am nächsten Morgen ziemlich krank. Er sagte mir, ich hätte die Tagung fortzuführen, und sein Vertrauen in mich machte mir Mut. Trotz meiner großen Furcht und Nervosität gebrauchte mich der Herr.

Ich spürte in mir tiefere Liebe, Mitgefühl und Dankbarkeit für diese Männer. Zum allerersten Mal hörte ich die Geschichten der menschlichen Seite von Priestern. Ich vernahm ihre Hilfeschreie um Zuneigung, um Angenommen-Werden. Ich sah ihr Alleinsein und ihr Verlangen nach Seelsorge. In diesen vierzig Priestern schien jedes Problem verkörpert zu sein, das ich jemals in meiner Seelsorge an Priestern antreffen würde. Es war eine Art Schnellkurs über die Situation der Priester.

Nun halte ich nach vielen Jahren Rückschau. Ich bin in der ganzen Welt umhergereist, um Seelsorge für Priester auszuüben. Ich hatte Gelegenheit, zu Laien wie zu Ordensleuten zu sprechen. Beide Sendungen sind Wirklichkeit geworden.

Zu meinem großen Glück fangen nun viele Menschen damit an, Fürbitte zu halten und für Priester zu beten. Die Gnade, Priester zu lieben und zu ermutigen, hat sich zunehmend unter vielen Laien und Ordensleuten rund um die Welt realisiert.

Priesterexerzitien in Brasilien (1985)

Die Herausforderung zum Glauben

Manche Menschen werden meinen, die dringendste Notwendigkeit im Hinblick auf die Priesterschaft sei eine Änderung der Zölibatregelung der Kirche. Wenn man mich jedoch heute fragen würde, was die Priesterschaft am Dringendsten brauche, würde ich sagen: ein tiefer und lebendiger Glaube! Ich würde gerne Priester in ihrer Berufung zu großartigem Glauben, auch zu größerer Hoffnung und Liebe herausfordern.

Mit der Herausforderung von Priestern fordere ich ebenso die Laien heraus, denn durch die Taufe haben wir alle Anteil an dem königlichen Priestertum Christi. Der heilige Petrus nennt uns ein „priesterliches Volk" (vgl. Petr 2,5-9). Wir brauchen uns gegenseitig, Priester und Kirchenvolk. Wir müssen uns gegenseitig in unserer Sendung in der Kirche ermutigen – im Priesteramt wie im Taufpriestertum der Gläubigen.

Wesentlich ist, dass der Priester ein Mann ist, der an Jesus Christus glaubt. Als Jesus seine ersten Jünger berief, lud er sie ein, mit ihm zu kommen. Während der drei Jahre, die er mit ihnen verbrachte, verwandelte er ihr Denken von den Maßstäben der Welt hin zu einem Denken nach seinen Maßstäben. Er rief sie auf, zu glauben, dass bei ihm nichts unmöglich sei. Er gab ihnen Gelegenheit, im Glauben zu wachsen, indem er ihren Glauben in unmöglichen Situationen herausforderte: durch die Speisung der Tausende mit fünf Brotlaiben und zwei Fischen, durch sein Gehen auf dem Wasser oder durch die Heilung von Kranken und die Austreibung von Dämonen.

Die gleichen Herausforderungen ergehen an die Priester unserer Zeit. Der Priester muss glauben. Er ist nicht dazu berufen, Jesus zu verteidigen oder ihn zu entschuldigen. Er ist ausgesandt, ihn zu verkündigen. Ich habe häufig Priestern gesagt: Ein Geschäftsmann, der seine Ware verkaufen will, muss an ihren Wert glauben, sonst wird er sie nicht los. Dasselbe gilt für die Frohe Botschaft. Wenn ein Priester nicht an sie glaubt, wird er seine Zuhörer auch nicht überzeugen.

Ein mir bekannter Priester ging nach Südamerika, um den Armen zu helfen. Er war voller Enthusiasmus. Er verfügte über die materiellen Mittel, Hunger und Armut der Bevölkerung zu lindern. Als er nach Lateinamerika kam, begann er Kliniken und Schulen zu bauen. Nach zehn Jahren stellte er fest, dass viele aus seiner Gemeinde zu einer neuen Mission der Evangelikalen gingen.

Eines Tages beschwerte er sich darüber bei einem der betagten Männer, einem sehr treuen alten Mann, der sich stets in der Nähe der Kirche aufhielt und dem Priester half. Der alte Mann sah ihn mit Tränen in den Augen an und sagte: „Herr Pater, ich möchte Sie nicht verletzen, aber ich muss es Ihnen doch sagen. Sie haben uns eine Menge guter Dinge gebracht. Sie haben schwer gearbeitet, aber Sie haben uns nicht Jesus gebracht, und wir brauchen doch Jesus!"

Der Priester sagte: „Ich habe mich geschämt. In diesem Augenblick erkannte ich, dass ich ihnen alles für ihren Körper geben wollte und dann wollte ich mit ihnen feiern und predigen. Ich war zu beschäftigt, als dass ich die Messe feiern konnte. Ich war ein arbeitender Priester, ich hatte keine Zeit. Es war notwendig, diesen

Menschen Nahrung zu geben. Sie waren hungrig. Doch der Herr zeigte mir durch genau diese Menschen, für die ich all meine Kräfte verausgabt hatte, dass sie mehr als nur materielle Dinge brauchten."

Damals holte der Herr diesen Priester aus Südamerika heraus und zurück in sein eigenes Land. Er nahm an einem Gebetstreffen teil und hörte, wie eine kleine alte Dame eine Belehrung gab, die sein Leben ändern sollte. Die alte Dame erinnerte an das Wort Jesu: „Der Mensch lebt nicht vom Brot allein, sondern von jedem Wort, das aus Gottes Mund kommt" (Mt 4,4). Als der Priester dies hörte, wurde ihm wiederum bewusst, dass seine Verantwortung darin bestand, das Reich Gottes aufzubauen. Die materiellen Dinge sind wichtig, doch der Priester kann nicht Sozialarbeiter oder Politiker werden. Er kann sich nicht auf menschliche Hilfsquellen verlassen. Seine Kraftquelle muss Jesus Christus sein.

Als ihm seine geistliche Blindheit genommen war, sagte dieser Priester: „Schwester, ich hatte meinen Glauben verloren. Ich war wütend geworden, als ich sah, wie die Armen ausgenutzt wurden; ich konnte nichts anderes sehen." Dieser Priester ging als ein verwandelter Mann nach Lateinamerika zurück. Er war dem lebendigen Jesus begegnet. Er begann zu begreifen, dass er an erster Stelle das Evangelium zu verkündigen hatte.

Ich arbeite oft in Lateinamerika und in vielen Teilen der Welt. Ich sage den Priestern: Das Herrlichste, was sie tun können, ist, Jesus auf unseren Altar zu bringen. Ich frage sie: „Glauben Sie wahrhaftig, dass Sie aufgrund Ihrer Weihe die Macht haben, den lebendigen Gott auf die Erde hinunter zu bringen? Haben Sie denselben Glauben wie die Jungfrau Maria?“

Als Maria „ja“ sagte, sagte sie ja dazu, ein Kind zu gebären; ja dazu, ihren ganzen Leib sowie ihr ganzes Wesen zur Verfügung zu stellen, damit Jesus kommen konnte. Es würde schwierig werden, weil sie ihren eigenen Plänen absterben musste. Sie musste allem absterben, was sie selbst tun konnte, und bereit sein, den Willen Gottes durch sich wirken zu lassen. Sie hatte zuzuschauen, wie Gott durch Jesus seinen Willen erfüllt.

Genauso ergeht es dem Priester. Wenn er das Priesteramt bejaht, muss der Teil von dem, der alles allein tun möchte, sterben; ebenso der Wesenszug, der jene Dinge zurechtrücken möchte, die falsch laufen; ebenso die Haltung, die Unterdrückung und Unterdrücker verändern will. Der Priester muss in Bezug auf sich selbst sterben und Jesus durch ihn die Antwort auf die Probleme geben lassen. Er muss sich bewusst sein, dass er auf gewisse Weise wie Maria Jesus auf die Welt bringt. Nur er kann Jesus durch die Eucharistie zu uns bringen.

Wir brauchen Sozialarbeiter und jede Hilfe, die Menschen den Armen geben können. Wir brauchen alle Laienmissionare und alle unsere Ordensschwestern. Doch wir dürfen nie vergessen, dass wir das Brot des Lebens mehr als alles andere brauchen. Wir müssen den Herrn zu uns kommen lassen. Die Armen und Unterdrückten müssen die gleiche Möglichkeit haben, den Herrn zu empfangen, wie die Menschen in wohlhabenderen und freieren Ländern. Ihnen dies zu verweigern, ist eine schlimme Beleidigung gegen Gott. Jesus in die Welt zu bringen, ist die Gabe, die Gott den Priestern verliehen hat.

Deshalb ist der Glaube so wichtig. Es ist wesentlich, dass der Priester, wenn er seine Hilflosigkeit dabei erfährt, aus sich selbst heraus Dinge zu ändern, in der Lage ist zu sagen: „Jener muss wachsen, ich aber muss abnehmen" (Joh 3,30). Er muss erkennen, dass er selber nichts tun kann, doch – wie Paulus sagt –, „er, der in mir lebt, kann unendlich mehr tun, als ich mir vorstellen kann" (Eph 3,20).

Der erwähnte Priester kehrte als ein verwandelter Mann mit erneuertem Glauben nach Lateinamerika zurück. Er begann nun die Worte Jesu zu begreifen, die Jesus zu seinen Aposteln und jetzt zu ihm selber sprach: „Mir ist nichts unmöglich." Er sah nun mit Augen des Glaubens die Wichtigkeit seiner Berufung zum Priesteramt und begriff die Notwendigkeit, sich durch das Beten auf Gott zu verlassen, dass dieser ihm Kraft zur Erfüllung seiner Berufung gebe.

Die Erfahrung dieses Priesters ruft in mir die Erinnerung wach an ein Zitat aus einem Vortrag, den ein gewisser Domherr Patrick Augustin Sheehan jungen irischen Männern um die Wende zum zwanzigsten Jahrhundert hielt. Der Domherr Sheehan kam aus

County York, er war Gemeindepriester und ein fruchtbarer geistlicher Schriftsteller. Er sagte: „Wenn ihr Menschen ihre eigenen Wege und Interessen verfolgen seht, so passt in diesem Moment auf, denn ihr werdet versucht sein, die heiligen Prinzipien, die ihr gelernt habt, zu vergessen oder zu leugnen. Ihr werdet versucht sein zu meinen, euer heiliges Amt sei weder Sendung noch Berufung, sondern nur ein Beruf. Ihr werdet versucht sein zu meinen, nach Belieben die Sprache, Gebräuche und Regeln dieser Welt in das Heiligtum einbringen zu können, wo allein die Maßstäbe des Evangeliums anerkannt und angenommen sein sollten."

Ich danke Jesus jeden Tag für das Priestertum. Wenn ich in meiner Kapelle vor dem Allerheiligsten sitze, danke ich ihm für die Männer, die seinem Ruf gefolgt sind.

Ein letzter Gedanke über den Glauben und das priesterliche Amt: Wie ich sagte, erhält der Priester seine Macht von Gott durch das Sakrament der Priesterweihe, durch den Heiligen Geist, der im Gebet zu ihm spricht, sowie durch die Kirche. Seine Macht kommt von seiner Einheit mit Gott im Gebet. Er erhält sie nicht durch theologische Studien oder akademische Grade. Das Studium ist wichtig und wir brauchen Theologen und Studierende, doch das Wissen kann niemals den Glauben ersetzen, kann niemals das Einssein mit Gott im Gebet ersetzen, genauso wenig wie das Vertrauen auf Gott. Es ist die Kraft Jesu Christi, die verwandelt und Menschen verändert. Die Erfahrung des Priesters in Lateinamerika und vieler anderer auf der ganzen Welt bezeugt dies.

Der Pfarrer von Ars ist ein gutes Beispiel eines Priesters, der sich allein auf die Kraft seines Herrn verließ. Johannes Vianney wäre beinahe die Priesterweihe verweigert worden, weil er so ein armseliger Student war. Nachdem er jedoch geweiht und mit der Kraft des Priestertums erfüllt war, wurde er den Menschen auf der ganzen Welt bekannt durch seine Weisheit und durch sein geistliches Wirken im Beichtstuhl. Menschen aus der ganzen Welt strömten nach Ars in Frankreich, um bei ihm zu beichten und um sein Gebet zu bitten.

Ein Priester sollte sich nie wegen eines fehlenden Doktortitels oder anderer höherer Studienabschlüsse als unzulänglich empfinden. Einmal geweiht, spendet dieses Sakrament alle Kraft, die der Priester für seine Sendung in der Kirche benötigt.

Die Herausforderung zur Hoffnung

Der zweite Bereich der Herausforderung für Priester – und für alle Christen – ist die Hoffnung. Der Priester ist aufgerufen, ein Mann der Hoffnung zu sein. Papst Johannes Paul II. erinnerte Geistliche und Laien ständig daran, ein Zeichen und Symbol der Hoffnung zu sein in dieser Welt, in der die Hoffnung täglich zerschlagen wird. Menschen, die Gott aus dem Blickfeld verloren haben, setzen jetzt ihre Hoffnung auf Regierungen, auf finanzielle Absicherungen und auf andere Leute.

Die einzige Sicherheit und die alleinige Hoffnung ist Jesus. Ich sage den Priestern: Es ist gut für uns, auf Maria zu schauen und zu bedenken, welcher Herausforderung sich diese junge jüdische Frau stellen musste. Maria vernahm die wunderbaren Worte Gabriels, dass ihr Kind der Sohn des Allerhöchsten sein werde. Diese herrlichen prophetischen Worte berührten sie zutiefst, und doch musste sie den herzzerreißenden Widerspruch in Jesu Leben erleiden.

Ihr Sohn wurde in einem Stall geboren, sie erlebte sein zeitweiliges Verschwinden im Alter von zwölf Jahren, dann wurde er von seinem Volk abgelehnt, wie ein Verbrecher behandelt, geschlagen, angespuckt, gekreuzigt und verhöhnt. Maria jedoch bewahrte die Worte des Gottesboten im Herzen, auch in schlimmen Zeiten. Sie war entschlossen, standhaft zu bleiben in der Hoffnung, auch dann, wenn sie gegen alle Hoffnung zu hoffen schien.

Gleich Maria empfängt der Priester bei seiner Weihe eine Verheißung. Gleich Maria hat er Widerspruch zu erwarten. Gleich Maria ist er zur Hoffnung gegen alle Hoffnung berufen. Gleich dem Glauben kommt die Hoffnung nur aus dem Gebet. Es ist sehr wichtig, im Glauben, in der Hoffnung und in der Liebe jene Triebe zu erkennen, die aus dem Weinstock wachsen.

Eine meiner Freundinnen, deren Ehemann im Sterben lag, hatte eine sehr enttäuschende Begegnung mit einem Priester. Sowohl Susan als auch ihr Mann hatten einen starken Glauben und vertrauten darauf, dass Jesus ihn heilen würde. Der Krankenhausseelsorger, der wusste, dass der Mann im Sterben lag, besuchte ihn. Zu seinem Erstaunen traf er diesen sterbenden Mann in der festen Hoffnung an, dass Jesus ihn heilen würde. Offensichtlich glaubte der Priester nicht daran, dass Wunder wirklich geschehen. Er forderte den Sterbenden auf, sich auf den Tod vorzubereiten, und merkte an, eine Heilung sei nicht mehr möglich. Die Worte des Priesters erschütterten alle Hoffnung des Mannes und hatten zur Folge, dass er in eine Bewusstlosigkeit fiel. Der Arzt ließ Susan kommen. Nach langen Stunden, die Susan im Wartezimmer verbrachte, kam der Priester herein. Sie bat ihn: „Herr Pater, bitte beten Sie für meinen Mann! Er liegt im Koma. Bitten Sie Jesus, ihn zu heilen."

Der Priester entgegnete ihr: „Ich war vorhin bei Ihrem Mann und sagte ihm, dass er sterben müsse, und warnte ihn vor den Gefahren falscher Hoffnungen." Susan erkannte, dass der Mangel an Hoffnung von Seiten des Priesters ihrem Mann solche Not verursacht hatte. Daher antwortete sie dem Priester: „Sie brauchen sich nicht darüber zu sorgen, ob mein Mann und ich den Willen Gottes annehmen können. Wir wissen, dass wir sterben müssen, sobald Gott uns ruft. Ich glaube jedoch nicht, Herr Pater, dass Sie als Priester dazu berufen sind, den Leuten zu sagen, was Jesus nicht tun kann, denn das nimmt uns die Hoffnung. Ich bete darum, dass das, was heute geschehen ist, nie wieder passiert, nur weil Sie einen solchen Mangel an Glauben haben."

Nach ein paar Tagen starb ihr Ehemann. Sie machte dem Priester nie Vorwürfe deswegen. Susan verstand, dass der Priester sich bemüht hatte, sie und ihren Mann vor Enttäuschung zu bewahren.

Wir alle möchten andere vor falschen Hoffnungen bewahren. Man kann bei anderen falsche Hoffnungen erwecken, indem man auf eigene Erfahrungen hinweist. Man kann jedoch niemandem falsche Hoffnungen machen, wenn man auf Jesus weist und deutlich macht, was Jesus alles für uns tun kann.

Ich erkläre Priestern, sie sollten sich nicht eingegrenzt fühlen angesichts hoffnungslos erscheinender Situationen. Der tiefste Kern des Evangeliums hat die Macht, Hoffnung zu bringen. Es ist die Macht des Wortes Gottes. Auch außerhalb der Predigt ermutigt der Priester durch seine von Glauben und Hoffnung erfüllten Worte die Menschen, sich Gott zuzuwenden. Er macht ihnen Hoffnung – die Hoffnung Marias inmitten ihrer tiefsten Finsternis.

Die Herausforderung zur Liebe

Schließlich muss der Priester ein Mann der Liebe sein. Das größte Gebot, das Jesus seinen Jüngern gab und dem wir alle zu folgen haben, ist der Aufruf zur Liebe. Der Weg des Wachstums in der Heiligkeit besteht darin, in der Liebe zu Gott und zu unseren Nächsten zu wachsen.

Das ist die Herausforderung für den Priester heute.

Er ist aufgerufen, Christus in radikaler Weise widerzuspiegeln. Wir nennen ihn einen „Mann Christi“. Er hat Christus in seiner Liebe, Behutsamkeit, Kraft und seinem Verstehen zu reflektieren. Das ist eine schwierige Berufung: Unmöglich, wenn der Priester es aus eigener Kraft versucht, aber nicht unmöglich, wenn er in Gemeinschaft mit Christus bleibt und wenn er selbst ein Mann des Gebets ist. Der Priester ist von Gott gerufen, und Gott befähigt ihn zu einem Leben der Liebe.

Ganz wesentlich ist es zu beachten, auf welche Weise beide, Laien wie Priester, das Priestertum in der heutigen Welt aus dem Blickwinkel der Liebe betrachten. Ich selbst möchte den Priester als einen Mann der Liebe in den Begriffen von Einheit, Enthaltsamkeit, Vaterschaft und Gemeinschaft sehen.

Die Einheit, um die Jesus dringend bat, ist wesentlich zwischen Priestern und Bischöfen. Der Teufel erfindet unendlich feine Wege, um die Priester zu entzweien. Er nährt den Geist der Konkurrenz anstatt den der gegenseitigen Unterstützung, und den der Isolierung anstatt den der Brüderlichkeit. Papst Johannes Paul II. schrieb in seinem ersten Hirtenbrief im Jahre 1979 den Priestern und Bischöfen: „Die Liebe zu Christus und zur Kirche eint uns. Eines der großen Bedürfnisse in der Kirche ist es, dass die Priester sich gegenseitig lieben, unterstützen, ermutigen und für einander beten.“

Auf Einkehrtagen für Priester bitte ich diese stets, eine starke Gesinnung der Liebe und Brüderlichkeit zu entwickeln. Wenn ich über das Lieben rede, spreche ich nicht nur darüber, freundliche Worte zu machen. Ich rede darüber, einem Mann, der einen Bruder braucht, ein Bruder zu sein, und ihm zu sagen: „Tu nicht, was du da tun willst“, oder: „Tu das, was du tun solltest.“

Ich erinnere mich an einen Vortrag, den ich vor Jahren in Nordirland vor einer Gruppe Geistlicher hielt. Einer von ihnen erzählte, wie entmutigt er sei. Er kam eben von der Beerdigung eines Kindes, das Opfer einer Gewalttat geworden war. Er fühlte sich hin- und hergerissen zwischen dem Wunsch, ein Diener des Evangeliums zu sein, und der Aufforderung seiner Landsleute, die ihn in der Politik zu einer Leitfigur machen wollten.

In seinem großen Dilemma versammelten sich seine priesterlichen Brüder um ihn, beteten mit ihm und ermutigten ihn, das zu tun, was er als seine Pflicht erkannte. Ihre Liebe und Unterstützung erneuerten seine Kräfte.

In jeder Diözese, in der die Priester und der Bischof eng miteinander verbunden sind, entwickeln die Laien viel leichter das Gefühl einer katholischen Identität. Und dies vermehrt eine starke katholische, christliche Stimme in der weltlichen Gemeinde. Eine solche Einheit enthält ebenfalls den biblischen Charakter der Kirche: „Seht, wie diese Christen einander lieben!“

Der Wert des Zölibats

Gern möchte ich über den Wert und die Bedeutung des Zölibats in der modernen Gesellschaft nachdenken. Heute kann man kaum das Wort „Liebe" aussprechen, ohne dass die Menschen sofort an Sex denken. Wenn man sagt, dass zölibatäre Männer und Frauen lieben müssen, wundern sich viele über die Zölibatsvorschrift der Kirche. Wie können diese unverheirateten Männer wahrhaft lieben, wenn sie niemals die Intimität der Sexualität kennen lernen, wenn sie niemals die Liebe eigener Kinder erfahren haben?

Viele Leute geben zu, dass ihnen der Zölibat unverständlich ist. Der Zölibat wird gering geschätzt. Man sieht in ihm keinen Sinn. Man sagt, die Kirche schreibe die Ehelosigkeit zwar vor, doch sei es besser, sich selbst dafür oder dagegen entscheiden zu können; mit der Pflicht zum Zölibat solle Schluss gemacht werden.

Der Zölibat ist keine Verneinung der menschlichen Liebe; er verneint nicht die Möglichkeit, von Menschen des anderen Geschlechts unterstützt zu werden oder eine gute Freundschaft mit ihnen zu pflegen. Der Zölibat verpflichtet mich nicht, meine Geschlechtlichkeit, ihre Anziehungskraft und Gefühle zu verneinen. Eine derart verkrampfte und unnatürliche Haltung gegenüber meiner eigenen Sexualität wäre eine schlechte Voraussetzung für einen Vertreter Jesu Christi, der die Liebe selbst ist. Der Zölibat ist nicht die Verneinung der Schönheit der Vaterschaft beziehungsweise der

Mutterschaft; ebenso wie er keineswegs die Notwendigkeit leugnet, dass ich Unterstützung von Männern wie von Frauen brauche. Ich würde mich selbst belügen, wenn ich meinte, ich könnte als ein von Jesus Gesandter durch das Leben gehen, ohne die Liebe und Unterstützung anderer Gläubige.

Genau wie alle anderen Gebote erfordert und benötigt der Zölibat Disziplin, Selbstverleugnung und das anhaltende Gebet. Der Zölibat ist nichts Furchterregendes, kein Hindernis, um ein Mensch der Liebe zu sein. Er ist ein Geschenk, das mich dazu befähigt, Männer wie Frauen zu lieben und so in tiefere Verbundenheit mit Gott hineinzugelangen. Er ist ein Geschenk, und der Herr hat mich gerufen, seiner Einladung zu einem ehelosen Lebensweg Folge zu leisten. Die Ehelosigkeit wird mir keineswegs aufgezwungen.

Für mich als Frau bedeutet der Zölibat einen Ruf zur Liebe mit einer Kraft, die mir aus meiner Selbstlosigkeit erwächst, ja zu Gott zu sagen. Dieses Ja lädt mich dazu ein, mein Frausein und meine Fähigkeiten und Kräfte auf besondere Art Gott zu weihen für sein Reich. Auf diese Weise umfange ich eine geistliche Mutterschaft, die nur durch ein Leben des Dienstes an anderen ihre Erfüllung finden kann.

Die zum Zölibat berufenen Männer weihen sich gleichermaßen einer geistlichen Vaterschaft in einem Leben des Dienens. Papst Johannes Paul II. sprach davon in seinem ersten Brief an die Priester, nachdem er sein Amt angetreten hatte:

„Die häufige und weit verbreitete Ansicht, dass der priesterliche Zölibat in der katholischen Kirche eine vom Gesetz auferlegte Institution für die ist, die das Sakrament der Priesterweihe empfangen, ist das Ergebnis eines Missverständnisses, wenn nicht sogar rundweg Unglaube. Wir alle wissen, dass es nicht so ist. Jeder Christ, der das Sakrament der Priesterweihe empfängt, unterwirft sich selbst dem Zölibat in vollem Bewusstsein und voller Freiheit, nach einer mehrjährigen Ausbildung, nach eingehender Überlegung, sowie unablässigem Gebet. Er entscheidet sich für ein zölibatäres Leben erst dann, nachdem er die feste Überzeugung erlangt hat, dass Christus ihm dieses Geschenk zum Wohl der Kirche und zum Dienst am Nächsten verleiht. Erst dann unterwirft er sich selbst dem Gebot, den Zölibat sein ganzes Leben lang einzuhalten."

Die Verpflichtung zum Zölibat schützt uns nicht vor sexuellen Versuchungen. Versuchungen werden kommen, so wie in jeder Berufung im Leben. Ich bin überzeugt, dass der Böse uns immer wieder damit belästigen wird, eben weil wir dieser radikalen Entscheidung zum Aufbau des Reiches Gottes unsere Zustimmung geben wollen.

Wenn ich ein Gelübde ablege, so muss ich alle anderen Möglichkeiten fahren lassen. Wir schmieden unsere Zukunft durch Hingabe. Eine ängstliche, passive oder unentschlossene, eine schwankende Persönlichkeit wird als unglückliches, unausgefülltes und zwiespältiges Wesen enden. Wenn wir versuchen, uns alle

Möglichkeiten offen zu halten, werden wir keine verwirklichen.

Wenn ich mit Priestern oder mit anderen Personen arbeite, betone ich stets, dass sie mir ihre Probleme nicht mitzuteilen brauchen. Sie müssen sich nur vor Augen halten, dass der Herr sie kennt und liebt. Ich sage nur: „Lassen Sie uns zusammen beten, Herr Pfarrer, denn ich bin mir sicher, wenn es etwas gibt, das der Herr Ihnen schenken will, dann wird er das tun."

Häufig schenkt der Herr mir eine Vision – zuweilen ein Bild aus dem Evangelium, von dem er weiß, dass es dem Priester, mit dem ich gerade bete, etwas zu sagen hat. Zu neunundneunzig Prozent bezieht es sich nach meiner Erfahrung auf das innere Leben des Priesters. Diese Gebetseinsichten sind ein Geschenk Gottes, das er mir gibt, damit Priester und Laien seine Gegenwart und Liebe in unmissverständlicher, persönlicher und einzigartiger Weise fühlen können. Welch eine herrliche Erfahrung ist es zu erkennen, wie Gott seine Priester und Bischöfe mit solcher Liebe und solchem Mitgefühl anrührt!

Ich möchte jetzt eine schöne Geschichte erzählen, welche mir in Bezug auf meine eigene geistliche Mutterschaft und hinsichtlich der Wichtigkeit meiner mütterlichen Liebe für diese Männer eine große Lehre war: Einmal diente ich in Lourdes einer großen Gruppe von Priestern. Wie gewohnt, brachte ich eine Menge Zeit in persönlichem geistlichem Gespräch mit den Priestern und Bischöfen zu. Eines Morgens ging ich hinunter zur

Grotte, um zu beten. Während ich dort saß, fühlte ich eine Hand auf meiner Schulter, und erhielt einen zarten Kuss auf meine Wange. Ich blickte auf und bemerkte einen betagten Priester. Er setzte sich neben mich und sagte: „Schwester Briege, ich möchte Ihnen dafür danken, dass Sie meine Mutter sind!“ Ich lächelte und dachte: „Oh, die Wunder hören niemals auf! Hier sitze ich mit meinen sechsunddreißig Jahren, und mein Sohn neben mir ist achtzig!“

Er sagte: „Ich wusste nicht, dass Sie hier sein würden, Schwester. Ich kam heute Morgen herunter, um der heiligen Jungfrau dafür zu danken, dass sie Sie hierher geschickt hat. Meine Mutter starb, als ich fünf Jahre alt war. Ich hatte sieben Brüder und keine Schwester. Ich ging sehr jung ins Seminar und hatte so niemals Kontakt mit Frauen. Für mich bedeutet der Zölibat, mich von Frauen fernzuhalten und mir nie zu erlauben, in Kontakt mit ihnen zu kommen. Mein ganzes Priesterleben lang mied ich das weibliche Geschlecht. Auf diese Weise lehnte ich mein Leben lang meine Geschlechtlichkeit ab und wurde hartherzig. Ich bin jetzt vierundachtzig. Niemals konnte ich mir vorstellen, jemals zu Einkehrtagen zu gehen, die von einer Frau geleitet wurden. Als ich mich gestern zu unserem Gespräch einfand, hatte ich keine Vorstellung davon, was ich Ihnen sagen sollte. Ich wusste nicht, wie man sich Frauen gegenüber verhält.

Als Sie begannen, mit mir zu sprechen, war es so, wie wenn Sie mit der Behutsamkeit Jesu meine ganze Lebensgeschichte lasen. Und als ich die Fassung verlor und zu weinen begann, weil ich so bewegt war, da legten Sie Ihren Arm um mich und ließen mich weinen. Zum ersten Mal in meinem Leben fühlte ich die Zärtlichkeit einer Mutter. Ich wusste ja nicht, wie es ist, berührt und von einer Frau im Arm gehalten zu werden. Ich hatte nie Ehrfurcht gegenüber der heiligen Jungfrau. Sie war eine Frau, und Frauen waren kein Bestandteil meines Lebens! Durch Ihr geistliches Gespräch erfuhr ich die Wärme und Zärtlichkeit Marias, der Mutter Jesu. Ich habe Maria als meine Mutter angenommen. Ich möchte Ihnen danken, Schwester!"

Ich jubelte innerlich. Genau das ist der Grund meines Zölibates: Durch ihn kann ich befähigt werden, Christus zu seinem Volk zu bringen. Es gibt viele Arten, den Herrn weiterzugeben – für mich war dies jedoch die herrlichste. Ich durfte erkennen, dass ich diesen Geistlichen zu Maria hatte führen dürfen, hin zur Zärtlichkeit einer Mutter, zur Schönheit des Frauseins, zu einem Aspekt in seinem eigenen Leben, der noch nicht angerührt worden war.

Wie konnte er ein Mann der Liebe sein, der Behutsamkeit und des Mitgefühls, wenn sein eigenes Herz nie von Mitmenschlichkeit angerührt worden war? Es war die große Menschlichkeit und Wärme Jesu, die die Menschenmengen anzogen. Heutzutage haben wir Ehelose unter uns, die diese Qualitäten Jesu Christi widerspiegeln. Es gibt wirklich viele, doch zwei kommen einem gleich in den Sinn: Papst Johannes Paul II. und Mutter Teresa von Kalkutta.

Sr. Briege mit Mutter Teresa in Rom 1990

Ich fragte Mutter Teresa einmal, welche Botschaft sie für die wichtigste halte, um sie den Priestern zu bringen. Sie lächelte, nahm meine Hand und sagte: „Schwester Briege, sagen Sie ihnen, dass sie Jesus um sein Herz bitten sollen, um damit zu lieben. Sagen Sie ihnen, dass sie Menschen der Liebe sein sollten, dass sie die Sünder lieben sollen, und nicht die Sünde."

Der Zölibat ist kein leichter Ruf, doch er kommt vom Herrn selbst. Bei Matthäus 19 lesen wir von der Haltung Jesu bezüglich der Scheidung und Wiederverheiratung. Die Jünger meinten daraufhin, wenn das so sei, dann sei es besser, gar nicht zu heiraten.

Jesus antwortete: „Nicht alle können dieses Wort erfassen, sondern nur die, denen es gegeben ist. Denn es ist so: Manche sind von Geburt an zur Ehe unfähig, manche sind von den Menschen dazu gemacht und manche haben sich selbst dazu gemacht – um des Himmelreiches willen. Wer das erfassen kann, der erfasse es" (Mt 19,11ff).

Die Vaterschaft des Priesters

Der Priester ist dazu aufgerufen, ein Vater zu sein. Was ist ein Vater? Ein Vater ist ein Mann, der von Gott gebraucht wird, um Leben zu zeugen. Der Einsatz eines Mannes, körperliches Leben zu zeugen, ist nur der Beginn des Vaterseins. Ein Kind in die Welt zu setzen, ist nur ein sehr kleiner Teil, die Fülle der Vaterschaft ist erst dann verwirklicht, wenn ein Vater seine Kinder liebt, formt, korrigiert und leitet. Ein Vater muss anwesend sein und seinen Kindern Behutsamkeit und Mitgefühl entgegenbringen. Er versorgt seine Kinder mit Nahrung, damit sie wachsen und kräftig werden können. Er trägt zu ihrer Erziehung bei. Er lehrt sie, das Richtige vom Falschen zu unterscheiden, weckt ihren Sinn für gutes Benehmen und erzieht sie in der Liebe und Ehrfurcht vor dem Herrn. Er bereitet sie auf die Gemeinschaft vor, so wie auf die Welt, in der sie nun ihrerseits das Gleiche tun werden.

Dies ist die Aufgabe eines Mannes, der Kinder zeugt, um sie dann zu lieben. Die gleichen Pflichten werden einem Priester – als einem Vater der Gläubigen – abverlangt. Gott hat den Priester zu einem geistlichen Vater erwählt. Als erstes ergeht der Ruf an den Priester, die Kirche zu lieben, der er sein Leben geweiht hat. Seine Liebe hat Gott in der Kirche zu gelten. Er hat der Kirche treu zu sein. Als Vater der Familie der Gläubigen muss er seine Gemeinde lehren und ermuntern. Mit dem Wort Gottes und dem Brot des Lebens muss er sie ernähren.

Ich ermutige die Priester, Hingabe gegenüber Gott Vater zu entwickeln und ihn darum zu bitten, seine göttliche Väterlichkeit durch die Priester aufleuchten zu lassen. Ein Bischof muss seinen Priestern ebenso ein Vater sein wie den Gläubigen. Er darf keine Angst davor haben, gütig zu sein, wenn seine Priester gebrochen sind. Er darf die Herausforderung nicht fürchten, wenn sie dringend nötig ist, und muss entschieden seine Autorität ausüben, falls erforderlich.

Während Einkehrtagen für Priester kam ein Priester zu mir, und während ich mit ihm betete, hatte ich die Vision eines wunderschönen Bildes von Jesus. Jesus kniete auf einer unebenen Straße, hielt die Hand des Priesters und sagte zu ihm: „Robert! Vergib dir selbst, ich habe dir vergeben. Kehre zu mir zurück. Denk an die Geschichte vom Verlorenen Sohn. Das bist du gewesen. Ich warte darauf, dass du zu mir zurückkommst. Verzeih dir selbst und komm wieder zu mir."

Ich sagte dem Priester: „Herr Pfarrer, ich weiß nicht, was in Ihrem Leben in Unordnung ist, doch der Herr hat Ihnen den Fehler, den Sie begangen haben, wirklich verziehen." Der Priester verlor die Fassung, und dann erzählte er mir, dass er einen schweren Fehler begangen habe. Er hatte unüberlegt eine Entscheidung getroffen, welche einen großen Skandal nach sich gezogen hatte. Daraufhin ließ er sich beurlauben und ging nach Hause zu seinen Eltern. Jeden Morgen besuchte er in der elterlichen Pfarrgemeinde die Kirche, um dort zu weinen und Gott zu sagen, welch schlimmen Fehler er gemacht habe. Er glaubte, er könne niemals zurück, weil der Bischof einen Zorn auf ihn habe und ihn nicht annehmen würde. Nach einem ganzen Jahr las er eines Tages die Geschichte vom Verlorenen Sohn (vgl. Lk 15). Er bekam den Mut, zu seinem Bischof zu gehen. Was dann geschah, erzählte er wie folgt:

„Ich kniete nieder und bat den Bischof um Verzeihung und darum, dass ich zurückkommen dürfe. Wissen Sie, Schwester Briege, ich werde nie vergessen, was der Bischof dann tat. Er saß an seinem Schreibtisch und stand auf, ging um den Schreibtisch herum und nahm mich in die Arme. Wie ein Vater zu seinem Sohn sagte er zu mir: ‚Robert, ich nehme dich wieder auf. Jesus hat dir vergeben, und ich auch. Aber ich bitte dich um eines: Ich möchte, dass du zu Schwester Brieges Einkehrtagen gehst, und danach wünsche ich, dass du wieder zu mir kommst und mir erzählst, wie du weitergekommen bist. Ich versetze dich dann in eine Pfarrei.'"

Pfarrer Robert hatte eine unerhörte Erfahrung gemacht. Sie veränderte sein Leben völlig. Er lernte das Erbarmen und die Liebe Jesu kennen. Ich denke, er erfuhr ebenso die Behutsamkeit und das Mitgefühl sowie die Väterlichkeit seines Bischofs. Der Bischof verdammte ihn nicht, noch beschuldigte er ihn der Schande, die er über die Diözese gebracht hatte, obwohl dies der Wahrheit entsprach. Vielmehr empfing er seinen Priester in Liebe, wie es Jesus getan hatte. Wir müssen beten, dass jeder Priester und Bischof ein väterliches Herz erhält und erkennt, wie er jeder Situation in Liebe begegnen kann.

Sr. Briege trifft Papst Johannes Paul II

Beziehungen

Wenn ich über den Bereich der Beziehungen nachdenke, werde ich an die heilige Clara, die Gründerin unseres Ordens, erinnert, die den heiligen Franziskus in wahrhaft auf Christus hin bezogener Freundschaft liebte und unterstützte. Ihre geistlich inspirierende Beziehung zu Gott und zueinander gebar die große geistliche Familie der Franziskaner, die der Kirche seit gut 800 Jahren dient.

Einige Männer und Frauen, die bereits die endgültige Entscheidung für den Zölibat getroffen hatten, sagen jetzt, sie spürten, der Herr erwarte von ihnen, dass sie heiraten. Es fällt mir schwer, diese Behauptung anzunehmen. Doch ich sehe ihre Situation als Prüfung ihrer Verpflichtung zum Dienst in der Kirche, und zwar als Menschen, die dem Herrn zuliebe allein bleiben.

Drei Lektionen habe ich vom Herrn bezüglich einer Freundschaft zu einem Priester erhalten. Die Lektionen befassen sich mit dem Besitzdenken, der Ehrfurcht sowie dem Unterschied zwischen Geheimnistuerei und Klugheit.

Zuallererst muss jeder Christ, aber besonders jeder, der zölibatär lebt, sich klar machen, dass er oder sie niemals der Besitz von irgendjemand sein kann, außer von Christus. Eine andere Person zu besitzen oder jemanden in Abhängigkeit zu manipulieren, ist falsch.

Zweitens muss ich Achtung gegenüber der anderen Person haben. Wenn Gott mir einen Freund gegeben hat, mit dem ich reden und den Glauben teilen kann, habe ich diesen Menschen zu achten und seine Berufung zu unterstützen.

Drittens muss ich den Unterschied zwischen Klugheit und Geheimnistuerei beachten. Ich brauche weder furchtsam noch geheimnistuerisch zu sein, wenn ich einen priesterlichen Freund habe, mit dem ich mich verstehe und mit dem ich meinen Lebensweg zu Christus besprechen kann. Ich muss klug sein. Klug sein bedeutet, Situationen zu vermeiden, durch die man einen Skandal heraufbeschwört oder die eigene Berufung gefährdet. Wir alle sind aus Fleisch und Blut. Der Teufel versucht, Wege zu finden, um uns zu Fall zu bringen.

Es ist wichtig, dass ich nichts vor meinem Beichtvater verberge und seinem Rat folge.

Vor einigen Jahren hatte ich vor etwa fünftausend Menschen einen Vortrag über das Priestertum zu halten. Unter den Zuhörern war auch eine Anzahl von Priestern. Ich sprach von der Schönheit des Priestertums und von manchem, was ich in diesem Kapitel ebenfalls beschrieben habe.

Nach meinem Vortrag erhielt ich begeisterte Rückmeldungen von den Zuhörern. Doch es kamen auch einige Priester zu mir, und aus ihren Äußerungen konnte ich schließen, dass sie ungute Beziehungen hatten. Mein Vortrag hatte sie mit einem Bild des Priesterseins konfrontiert, das sie verdrängt oder vergessen hatten.

Ich erklärte ihnen, dass sie niemand anderen als sich selbst betrogen. Sie hatten Jesus ihr Gelübde gegeben, doch jetzt zogen sie ihr Versprechen zurück. Ich sprach zu ihnen über die großen Gefahren von Scheinheiligkeit und Kompromissen. Wenn ich nicht ehrlich bin und nicht versuche, das zu leben, was ich gelobt habe, wenn ich nicht eindeutig und enthaltsam zu sein versuche, wenn ich nicht dieses eine Leben für den Herrn lebe, dann betrüge ich mich selbst.

Als Resultat dieser Begegnung mit jenen Priestern empfand ich die Notwendigkeit, mich zurückzuziehen und eine Zeit mit Beten und Fasten zuzubringen. Ich ging in Mutter Angelicas Kloster in Birmingham. Während meiner Einkehr enthüllte mir der Herr viele Bereiche des priesterlichen Lebens, für die ich zu beten hätte.

Als ich eines Tages vor dem Allerheiligsten betete, führte mich der Herr in meiner Vorstellung zu einem Seminar, wo ich eine Gruppe von Priestern um Jesus versammelt vorfand. Der Herr ließ einen der Priester mir sein Gesicht zuwenden, wies auf diesen Priester und sagte: „Sieh dir diesen Priester an. Du wirst ihn kennenlernen. Er wird dich viel über das Priestertum lehren. Er wird dir ein großer Schutz in deinem Leben werden. Zusammen werdet ihr viele Seelen für mich gewinnen. Fürchte dich nicht!" Sofort dachte ich an all die Schwierigkeiten, die Priester durchzumachen hatten. Allein fühlte ich mich sicher in meinem Dienst. Der Gedanke daran, eng mit einem Priester zusammenzuarbeiten, schien mir wie eine Bedrohung.

Drei Jahre später war ich in Irland und wurde ins All Hallows Seminar in Dublin eingeladen, um dort einen Priester kennenzulernen. Er war im Begriff, die Fürbitte für Priester zu beginnen, ein monatelanges Programm, in dem Priester den Wert und die Macht der Fürbitte lernen. Zuerst zögerte ich, weil ich im Urlaub war, aber aufgrund meiner Liebe zum Priesterberuf und weil ich an diesem Thema interessiert war, fuhr ich nach Dublin, um Pater Kevin Scallon kennenzulernen.

Wir sprachen über den Wert der Fürbitte und ich ließ ihn an meiner Erfahrung in der geistlichen Arbeit mit Priestern teilhaben. Als ich aufbrechen wollte, fragte er mich, ob ich nicht einmal zur Fürbitte kommen würde, um mit den Priestern zu beten. Ich sagte zu, und als ich hinausging, fragte ich mich, wo ich Pater Kevin schon einmal begegnet war. Eine innere Stimme sagte mir: „Dieser ist der Priester, den ich dir zeigte. Du wirst ihn kennenlernen!" Im selben Augenblick kam mir das Bild des Seminars, das ganze innere Gesicht von vor drei Jahren wieder in den Sinn. Mir wurde plötzlich bewusst, dass das All Hallows Seminar dasjenige war, welches ich innerlich geschaut hatte.

In der darauf folgenden Zeit ergingen Einladungen zu Einkehrtagen an mich, zu denen Pater Kevin ebenfalls eingeladen war. Fortlaufend wurden wir zusammengebracht, ohne dass von unserer Seite Entsprechendes geplant oder versucht worden war. Aufgrund unserer Zusammenarbeit in den vergangenen zehn Jahren haben wir beide ein klares Verständnis für den Wert und den Reichtum des Zölibats bekommen. Jeder von uns beiden ist durch unsere Zusammenarbeit und durch unser beider Verpflichtung, um des Herrn willen allein zu bleiben, bereichert worden.

Bei dieser Art gemeinsamer Seelsorge hat der Gehorsam den Vorgesetzten gegenüber eine große Schutzfunktion. Pater Kevins Provinzialoberer und meine Generaläbtissin unterstützten beide unsere Teamarbeit. Wir haben mit ihnen gebetet und Gottes Führung durch sie erfleht. Pater Kevin und ich haben ausgedehnte Reisen unternommen, um den Priestern in Afrika, Europa, Nord- und Südamerika, Australien und im Fernen Osten geistlichen Beistand anzubieten.

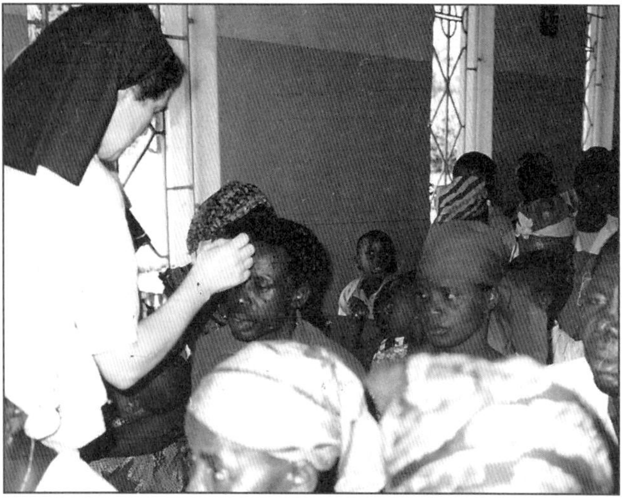

Gebet für Leprakranke in Nigeria

Eine Erfahrung zeigt den Reichtum einer im Herrn verwurzelten Beziehung: Sowohl Pater Kevin als auch ich wurden dadurch grundlegend berührt und machten uns die ständige Gegenwart Christi bewusst.

Wir aßen gemeinsam in einem Restaurant in Dublin unser Abendbrot, und Pater Kevin saß mir gegenüber. Vor dem Tischgebet sagte er: „Wir wollen Jesus bitten, sich zu uns zu gesellen, wie er es auf dem Weg nach Emmaus getan hat." Mit geneigtem Kopf wartete ich darauf, dass er mit dem Gebet fortfahren würde, doch er schwieg. Ich blickte auf, um zu sehen, warum er inne hielt. Und auf dem leeren Stuhl zwischen uns – ich bin mir dessen ganz sicher, es geschah in meinem Geist, doch ich sah es ganz klar – war ein herrliches Abbild von Jesus, der mich anlächelte. Ohne irgendetwas zu sagen, übermittelte er mir diese Worte: „Ich bin immer gegenwärtig, wo ich geliebt und verehrt werde und wo ich willkommen bin.“ Dann verblasste die Erscheinung.

Pater Kevin blickte auf. Ich konnte sehen, dass er bewegt war. Er sagte: „Ich spürte gerade eben jemanden neben mir sitzen.“ Seine Empfindung bestätigte das, was ich im Geist gesehen hatte.

Sollten Frauen Priesterinnen sein?

Im Hinblick auf meinen Dienst in der heutigen Kirche und mit den vielen Gründen, die zu Gunsten der Priesterweihe für Frauen vorgebracht werden, muss ich mich oft der Frage stellen, aus welchen Gründen ich nicht für die Priesterweihe der Frau kämpfe. Ich werde gefragt, ob ich mich als unzureichend einschätze oder ob ich voller Groll sei, weil ich nicht geweiht werden kann.

Meine Antwort lautet: Ich habe mich mit dem Standpunkt und der Lehre des Heiligen Vaters immer wohl gefühlt. Da dieses Thema innerhalb der Kirche viel Schmerz und Verwirrung verursacht, wandte ich mich an den Herrn und bat ihn um ein klareres Verständnis seines Planes mit der Kirche. Ich erbat von ihm den Mut zur Bejahung meiner eigenen Überzeugung und meiner Glaubensregeln, gerade angesichts der Opposition.

Beim Überdenken des Problems hatte ich häufig

menschliche Begründungen herangezogen, die erklären, warum Frauen keine Priester sein können. Nie zuvor hatte ich wirklich wegen dieser Streitfrage gebetet bzw. Gottes Weisheit gesucht. Was ich lernte, bereitete mir große Freude. Für mich ist es die Beantwortung meiner Frage. Andere mögen nicht zustimmen; ich will aber die Antwort hier mitteilen, sie kann vielleicht von Nutzen sein.

Während des Gebets vor dem Allerheiligsten hörte ich den Herrn sagen: „Ich werde dich jetzt in ein neues Verständnis des Priesterdienstes einführen." Ich erhielt eine Vision vom Plan Gottes für seine Kirche, die er auf den Felsen Petrus gebaut hat. Zuerst kam ein Bild des Petrus, wie Jesus ihm einen großen Schlüssel in seine Fischerhand gibt. Mir wurde äußerst deutlich, wie groß die Kirche ist, die Christus auf Petrus baute. Ich erkannte auch, wie treu der Herr ist, uns unseren gegenwärtigen Papst als sichtbares Zeichen auf Erden zu schenken.

Dieser lässt sich nicht durch anderer Menschen Einfälle beirren, ebenso wenig verwässert er Gottes Plan oder die Herausforderungen des Evangeliums nach seinem Verständnis. Er ist dazu berufen, uns in Wahrhaftigkeit zu führen und die Wahrheit der Kirche und Christi zu schützen. Die Mission der Kirche ist es, die Welt durch die Werte der Heiligen Schrift zu evangelisieren. Umgekehrt hat die Welt nicht die Aufgabe, die Kirche zu missionieren. Der erste Teil meiner Vision ist die Betrachtung von Jesus und Petrus, seinem Stellvertreter.

Von hier aus schien es, dass ich zurück bis zur Schöpfung zu gehen hatte. Ich sah Adam und Eva in der Vollkommenheit ihrer menschlichen Natur. Wie Gott geplant hatte, waren sie nach seinem Abbild ihm ähnlich geschaffen. Jetzt sagte eine Stimme zu mir: „Ganz menschlich zu sein bedeutet, vollkommen zu sein. Sünde verzerrt das Menschsein." Heutzutage benutzen die Menschen ihre menschliche Natur als einen Vorwand für die Sünde. Sind wir jedoch vollkommen menschlich, so wie Gott das beabsichtigte, dann sind wir frei von Sünde.

Wichtig ist zu erkennen, dass die erste Sünde durch unsere ersten Eltern auf uns kam. In ihrer menschlichen Natur waren sie Gott ungehorsam. Es handelt sich hier nicht um irgendeinen Mann und irgendeine Frau, sondern um Gottes auserlesensten Teil seines Schöpfungsaktes, der sich von ihm losriss. Es handelt sich um sein ihm ähnlichstes Geschöpf, erschaffen nach dem Bild seines Sohnes, das sowohl einen irdischen Körper wie auch eine geistige Seele besitzt. Das Ergebnis dieses Ungehorsams hat jeden von uns geprägt. Wir sind mit dieser Sünde geboren, seither ist es unsere Natur, die sündigt. Von der menschlichen Natur erhalten wir genau das, was sie ist.

Wir wissen aus der Heiligen Schrift, dass Gott deutlich enthüllt hatte, dass er den Menschen – beide, Mann und Frau – als Schlüsselfiguren in seinem Erlösungsplan gebrauchen wollte.

Alsdann sah ich in meiner Vorstellung Maria als das

Geschöpf Gottes in der reinsten und vollkommenen menschlichen Perfektion, frei von Sünden wie Adam und Eva vor dem Sündenfall. Gottes Absicht war es, eine Frau in den Plan der Erlösung einzubeziehen. Sie war vollkommen menschlich und erfüllt mit der Vollkommenheit Gottes.

Gott hätte Jesus ohne Mitwirken einer Frau auf die Erde bringen können. Er ist Gott! Er hätte alles tun können. Doch er entschied sich dafür, eine Frau zu gebrauchen, um in den Mutterleib eines menschlichen Wesens zu kommen. Indem er so handelte – und das kam mir zur Erkenntnis –, erhob Gott in diesem Augenblick jegliches Frausein zu einer Würde, die zuvor unbekannt war. Gott wandte sich den Frauen zu, indem er Maria heimsuchte. Durch Adam und Eva musste die Menschheit die fürchterlichen Folgen der Sünde erleiden. Nun sollte die gesamte Menschheit durch Maria und die Frucht ihres Leibes den herrlichen Lohn und die Macht der Erlösung erkennen. Es sollte uns alle betreffen! In Jesus sagt die menschliche Natur ja, und überwindet Adams Nein. Gott erwählte Maria, damit diese an der Erlösung teilhabe, so wie Eva am Sündenfall teilgehabt hatte.

Ich war voller Freude. Ich erkannte die volle Bedeutung der Tatsache, dass Gott in den Leib einer Frau eingeht. Gott nahm Fleisch an. Er wurde durch den Heiligen Geist empfangen, erhielt jedoch alles, was er für seinen menschlichen Körper benötigte, von Maria. Mehr noch, Maria war diejenige, die ihn stillte und liebkoste. Sie tat all das für ihn, was einer Mutter so gut gelingt. In welch herrlicher Art erhöhte Gott die Frauen!

Nun sah ich Jesus auf dem Weg nach Golgota und wie er ans Kreuz genagelt wurde. Die Stimme sagte: „Ja, doch der Tod wird mich nicht von meinem Volk fernhalten, denn ich habe die Sünde durch den Tod überwunden. Ich liebe mein Volk. Ich werde zu ihm kommen."

Er fuhr fort, mir seinen Plan zu entfalten. Er sagte, er würde weiterhin bei uns sein und sich uns in fassbarer Weise schenken. Das Letzte Abendmahl fiel mir ein, die Einsetzung der Eucharistie. Dieses Mal würde der Herr nicht in erkennbarer menschlicher Gestalt zurückkommen, sondern verborgen, doch vollkommen menschlich und ganz und gar göttlich, unter der Gestalt von Brot und Wein.

Aus eigenen Beweggründen hat Gott die Männer dazu erwählt, diesen Teil seines Planes zu erfüllen, den Leib des Herrn auf den Altar zu bringen. Gottes Pläne können wir weder ergründen noch erklären. Wir wissen nicht, weshalb er beschlossen hat, als Mann, geboren von einer Frau, zu uns zu kommen. Wir wissen nicht, weshalb er nur Männer zu Priestern erwählte. Aber der gläubige Mensch vertraut darauf, dass Christi Gaben und sein Heilsplan durch die Bischöfe in der Kirche, vereint mit seinem Stellvertreter, enthüllt werden.

Nun wurden mir meine Augen geöffnet, um selbst erkennen zu können, dass niemand ein Recht auf das

Priesteramt hat. Es ist Gottes Geschenk. Ich habe nicht das Recht, Gott zu sagen: „Du sollst mir die Macht dazu verleihen, dich auf den Altar zu bringen! Gib mir die Macht, Brot und Wein in deinen Leib und dein Blut zu verwandeln." Ich wurde gewahr, dass niemand, nicht einmal ein Priester, ein Recht auf das Priesteramt hat. Gott erwählt! Wir müssen Gottes Plan, seine Harmonie und seinen Willen suchen. Das ist die Antwort für mich.

Zu guter Letzt hörte ich noch, wie der Herr zu mir sagte: „Bedenke, wenn der Priester dir in der Eucharistie das Fleisch und Blut Jesu gibt, so ist es der gleiche Leib, den Maria in ihrem Schoß trug, gebar und auf Golgota betrauerte. Maria – und durch sie alle Frauen – hat an der Eucharistie genauso innigen Anteil wie an der Menschwerdung. Bedenke gleichfalls, dass jeder Getaufte, Mann und Frau, der offen ist für das Handeln des Heiligen Geistes, mich ebenso zur Welt bringt, und dass du, wo immer du lebst und wirkst, mich gegenwärtig machst."

Wie Jesus durch Maria in die Welt kam, so kommt durch den Priester im Geheimnis der Eucharistie Jesus in die Kirche, um sein Volk für seine Sendung in der Welt zu stärken, damit sie Jesus zu anderen bringen. Die Aufgabe eines jeden getauften Christen besteht darin, Jesus in der Welt gegenwärtig zu machen. Wir werden mit der Eucharistie genährt, damit wir dazu befähigt werden.

Ich bete darum, dass das, was ich dem Leser mitgeteilt habe, dazu beiträgt, erkennen zu können, dass unser Heiliger Vater, der Stellvertreter Christi, treu gegenüber dem sein muss, was er glaubt und als die Wahrheit erkennt. Ich bete darum, dass die Männer und Frauen der Kirche sich an Gottes harmonischem, schöpferischen Plan für seine Welt und seine Kirche erfreuen. Ich bete, dass Gott uns die Gnade schenkt, uns an den großen Dingen zu erfreuen, die er für uns wirkte, als er uns Jesus durch Maria und durch die Priester gab.

Maria, eine Frau für alle Zeiten

In den vergangenen Jahrzehnten haben es manche als schwierig empfunden, sich mit Maria, der Mutter Jesu, zu identifizieren. Viele Leute meinten, nach dem Zweiten Vatikanischen Konzil erübrige es sich, zusammen mit vielen volkstümlichen Andachtsformen Maria Ehrfurcht zu erweisen.

Und doch bleiben heutzutage Millionen von Katholiken ihrer Liebe zur Mutter Gottes treu. Sie betrachten Maria keineswegs als eine Art schemenhafter Erscheinung aus der Vergangenheit, als eine Frau, deren Heiligkeit und Beziehung zu Gott und Jesus sie unnahbar und unberührbar für den Rest der Menschheit gemacht haben. Und unter den anderen Christen findet man eine wachsende Wertschätzung für Maria und ihren Platz innerhalb unseres Glaubens.

Maria ist menschlich. Sie war eine Frau ihrer Zeit. Weil sie die Mutter Jesu ist, weil sie nun bei Jesus in Ewigkeit lebt und weil sie ohne Sünde empfangen wurde, kann man sie sich als eine ganz lebendige Frau vorstellen, und, wie ich im vorigen Kapitel darlegte, als eine vollkommen menschliche Frau. Tatsächlich ist Maria nach dem Sündenfall Adams und Evas – mit Ausnahme Jesu – das einzige menschliche Wesen, das die Erhabenheit menschlicher Vollkommenheit, die Fülle menschlichen Lebens erlangt hat.

Ein jeder von uns ist von Gott mit Absicht erschaffen worden. Es gibt niemanden unter uns, der versehentlich ins Dasein gerufen wurde. Genau so gewiss, wie Gott entschied, Maria ohne Sünde zu erschaffen, beschloss er, jeden von uns zu erschaffen. Ihre Unbefleckte Empfängnis geschah sowohl für Jesus als auch für jeden von uns.

Können wir uns vorstellen, dass Gott seinen Sohn in ein schmutziges, dermaßen mit Sünde besudeltes Gefäß geben würde, dass der Glanz seines Lebens verdunkelt würde? Wenn Maria nicht frei von Sünde gewesen wäre, hätte dann Gabriel sagen können: Voll der Gnaden, der Herr ist mit dir? Hätte Maria sagen können: Hoch preiset meine Seele den Herrn ... von nun an werden mich selig preisen alle Geschlechter? Ihre Sündlosigkeit ist ein Abbild dessen, wie wir vor dem Sündenfall waren und wie wir werden können durch die rettende Gnade von Jesu Christi Leiden, Tod und Auferstehung.

Maria ist rein und ohne Sünde, doch ihr Leben begann in der Welt, im Schoß einer Frau. Sie hat die Verbindung mit dieser Welt nicht verloren, denn sie liebt, was ihr Sohn liebt – und er liebt uns. Als Jesus am Kreuz starb, vertraute er Maria dem Jünger Johannes an, so wie er Johannes ihr anvertraute. Seit fast zweitausend Jahren glauben die Katholiken, dass Jesus uns alle Maria übergeben hat und Maria wiederum uns allen gegeben wurde.

Ich bete, dass wir uns gegenüber dem großen Geschenk, das Jesus uns in seiner Mutter gemacht hat, offener begegnen – einer Mutter, die unsere Rettung ersehnt; einer Mutter, die durch ihre Liebe zu ihrem Sohn an der Erlösung der ganzen Menschheit teilhat. Dies geschieht in einem anderen Sinne als die Erlösungstat Jesu. Durch die Liebe hat sie Anteil an ihres Sohnes Liebe zu uns, an seinem Leiden für uns, an seiner Sendung zu uns. In seinem Erbarmen ließ Jesus seine sündlose Mutter durch ihr Herz und ihre Seele teilhaben an der Erlösung der Menschheit, so wie Eva am Niedergang der Menschheit Anteil gehabt hatte.

In Maria findet jede Frau ihre stärkste Bestätigung der Gleichwertigkeit mit dem Mann. Durch Maria braucht die Menschheit niemals daran zu zweifeln, dass der Schöpfer die Frau genauso liebt wie den Mann. Papst Paul VI. schrieb einmal einen wunderschönen Hirtenbrief mit dem Titel *Die Verehrung der gesegneten Mutter*. In diesem Dokument aus dem Jahr 1974 stellt Paul VI. fest, dass sich durch die dramatische Veränderung der Rolle der Frau in den vergangenen Jahren viele Menschen nicht mehr mit dem jüdischen Mädchen des Neuen Testaments identifizieren können.

Doch der Papst sagt, dass „die Jungfrau Maria allezeit den Gläubigen der Kirche als ein nachzuahmendes Vorbild anempfohlen wurde – nicht wegen der Art ihres demütigen und niedrigen Lebens oder wegen ihres soziologisch-kulturellen Hintergrunds. Sie ist den Gläubigen eher ein Beispiel wegen der Art, in der sie ihr eigenes, persönliches Leben vollkommen und verantwortlich dem Willen Gottes unterwarf (vgl. Lk 1,38), weil sie auf Gottes Wort hörte und nach ihm handelte, und weil Nächstenliebe und der Geist des Dienens die treibenden Kräfte ihres Handelns waren. Sie ist der Nachahmung wert, denn sie war die erste und vollkommenste der Jünger Christi. Alles das besitzt ständigen und universellen beispielhaften Wert."

Das irische Volk hat Maria stets große Verehrung entgegengebracht. Ich erinnere mich, als Kind mit der ganzen Familie den Rosenkranz gebetet und die Mutter Gottes verehrt zu haben. Diese Verehrung hielt ich mein ganzes Noviziat bei den Armen Klarissinnen aufrecht, ebenso während meines Leidens und der Genesung.

Als ich um den Entschluss rang, das Geschenk der Heilung anzunehmen, betete ich und bat Maria, für mich einzutreten, mich im Herzen der Kirche zu halten und mir dabei zu helfen, Gott zu entsprechen, was immer er auch von mir wollte.

Ich möchte einige Erfahrungen weitergeben, die deutlich machen, wie diese großartige Frau bis zum heutigen Tag ihre Botschaft von Kana (Joh 2,4f) wiederholt, indem sie auf ihren Sohn hinweist und sagt: „Was er euch sagt, das tut!" Dies ist ihre Aufgabe in der Kirche: ihre Kinder ununterbrochen dazu aufzurufen, auf den Willen Gottes zu antworten und Gottes Stimme zu gehorchen.

Kurz nachdem ich das Geschenk der Heilung angenommen hatte, erhielt ich das Privileg, nach Lourdes wallfahren zu dürfen. Dort saß ich vor der Grotte und beobachtete, wie die Kranken dorthin gebracht wurden, wo Fürbitte gehalten wurde. Der ganze Anblick rührte mich an, ebenso die Erkenntnis, wie innig Maria in den Heilsdienst Christi verwoben ist. Während ich zusah, hörte ich im Geist: „Wegen deiner Liebe zu meiner Mutter sollst du selbst hier in Lourdes an ihrem Werk teilhaben." Ich dachte: „Ach, wäre das schön, mit den Menschen hier in Lourdes beten zu können!" Aber weil ich ja nur als Pilgerin da war, erschien mir das unmöglich.

Ich verließ die Grotte und ging zur Kapelle, wo das Allerheiligste Sakrament ausgesetzt war. Wieder sagte die Stimme: „Wegen deiner Liebe zu meiner Mutter sollst auch du an ihrem Werk hier in Lourdes teilhaben." Es war noch keine Stunde vergangen, als ich mit einem Paar aus Florida in einem Café saß. Mein Blick fiel auf einen Priester, der die Straße herabkam. Er trug ein Namensschild, das ihn als jemanden auswies, der aus meiner Heimatdiözese Armagh kam. Ich begrüßte ihn und erzählte ihm, dass ich aus Armagh stammte und jetzt in Florida lebte. Er fragte: „Sind Sie Schwester Briege McKenna?" Als ich das bejahte, fragte er: „Würden Sie mir einen Gefallen tun? Es sind vierhundert Behinderte aus Ihrem Heimatdistrikt im Hospital. Würden Sie mit mir kommen und mit ihnen beten?"

Ich ging mit ihm. Als ich von Bett zu Bett ging, sagten fast alle, sie hätten mir geschrieben mit der Bitte, für sie zu beten. In ihren Briefen fragten sie an, ob ich nicht bald nach Irland zurückkäme, um persönlich mit ihnen zu beten. Ich hatte nicht vor, nach Irland zu fliegen, und so brachte der Herr dieses Stück Irland nach

Lourdes zu der Zeit, in der ich dort war. Während ich mit den Leuten betete, wurde mir bewusst, dass der Herr das erfüllte, was er gesagt hatte: Ich würde Anteil haben am Heilswerk seiner Mutter in Lourdes. Mir wurde bewusst, dass ich die eigentlichen Wunder erlebte, die sich in Lourdes neben den körperlichen Heilungen ereigneten: die Gnade, inmitten des Leidens mit Freude erfüllt zu werden, und das Leiden in einer Haltung der Wiedergutmachung und Fürbitte anzunehmen.

Seit dieser ersten Erfahrung habe ich mehrere Male in Lourdes geistlich mitgearbeitet, doch der Höhepunkt meines Dienstes dort waren die Priester-Exerzitien, zu denen ich als Mitarbeiterin eingeladen wurde. Einmal waren bei einem solchen Einkehrtag viele kranke Priester dabei. Sie wurden in ihren Krankenbetten zu den Vorträgen in den Vortragssaal gefahren. Es war mitreißend, wie sie den Lobpreis auf Gott sangen, während ich betend von Bett zu Bett ging. Einmal, als ich mit einem französischen Geistlichen zusammenarbeitete, waren über fünfhundert Priester dabei.

Weltweite Mission

Im Jahr 1973 hatte ich in Tampa einen Traum, der mir zu dieser Zeit absolut sinnlos erschien. Als dieser Traum später Realität wurde, erkannte ich, dass es ein prophetischer Traum gewesen war: Am frühen Morgen des 1. Januar 1973 träumte mir, ich befände mich in der Kapelle vor einer Marienstatue, die einen Globus in der Hand hielt. Während ich sie betrachtete, dachte ich, wie wunderschön Maria doch sei. Da schaute sie mich an und lächelte.

Ich schaute und dachte träumend: „Oh, sie lebt!" Da neigte sie sich herab und gab mir die Weltkugel. Als ich sie entgegennahm, flüsterte sie in mein Ohr. Ich sagte ihr, ich würde niemals vergessen, was sie mir gesagt hatte. Im Traum drehte ich mich um, um aus der Kapelle zu gehen. Da hörte ich ein Telefon klingeln. Ich erwachte – und mein Telefon klingelte tatsächlich. Es war gegen vier Uhr morgens und ich war noch halb im Schlaf, als ich den Hörer abnahm. Ein Priester entschuldigte sich, dass er so früh anrief, doch seine Mutter lag im Sterben, und er wünschte mein Gebet. Ich betete mit ihm.

Ich versuchte, mich an die Einzelheiten meines Traumes zu erinnern, konnte es aber nicht. Ich konnte mich nicht entsinnen, was Maria zu mir gesagt hatte. Ich schlief wieder ein – und träumte nochmals denselben Traum: Ich ging zurück in die gleiche Kapelle. Alles geschah wie beim ersten Mal. Maria flüsterte wieder in mein Ohr, und ich meinte wieder, dass ich niemals vergessen würde, was sie mir sagte. Als ich, noch im Traum, die Kapelle verließ, kamen einige Leute auf mich zugelaufen. Mir war bislang noch nicht vollkommen bewusst, dass dies wirklich Maria war, doch diese Leute im zweiten Traum fragten: „Was hat Maria Ihnen gesagt?" Ich antwortete: „Ich weiß nicht mehr, ich hab's vergessen!" Ich war enttäuscht über mich selbst. Wie konnte ich so schnell vergessen? Gerade erst war ich bei ihr gewesen.

Dann sah ich im Traum eine Schwester, die mit mir im Noviziat gewesen war. Sie kam zu mir und sagte: „Briege, ich weiß, was die Gottesmutter zu dir gesagt hat! Sie sagte, sie gebe eine Botschaft, die in deinem Geist schlummert, und wenn es an der Zeit ist, wirst du dich daran erinnern, denn sie ist nicht für die Gegenwart!" Sie fügte hinzu: „Der Globus, den sie dir gegeben hat, ist das Universum, das du bereisen wirst."

Dann erwachte ich. Später würde ich verstehen, wie prophetisch dieser Traum tatsächlich war, denn zur damaligen Zeit reiste ich sehr wenig.

Wunder in Brasilien

Einige Jahre später, als wir den 400. Gedenktag des heiligen Vinzenz von Paul feierten, erhielt Pater Kevin die Eingebung, mich in die Vereinigung von der Wunderbaren Medaille aufzunehmen. Unsere Liebe Frau sagt, dass jene, die diese Medaille vertrauensvoll tragen, gesegnet sein werden. Die Medaille ist aber kein Glücks-Amulett! Eine Kleinschrift über die Medaille erklärt, die Medaille sei „ein kleines Zeichen der Liebe, von der heiligen Jungfrau entworfen und dir verliehen". Die Menschen tragen diese Medaille als einen Hinweis für ihren Glauben an Gott und an die Macht der Jungfrau Maria als Fürbitterin bei ihrem Sohn.

Woher kommt diese Medaille? Am 27. November 1830 erschien die heilige Mutter der Schwester Cathérine Labouré in der Kapelle des Mutterhauses der „Töchter der Barmherzigkeit" in der Rue du Bac in Paris. Schwester Cathérine beschrieb die heilige Jungfrau als „wunderschön in der Vollkommenheit ihrer Erscheinung". Als Maria so, wie sie auf der Medaille abgebildet ist, erschien, hörte Schwester Cathérine die Worte: „Lass nach diesem Bild eine Medaille prägen. Alle, die sie tragen, werden große Gnaden erhalten."

Bei einer früheren Erscheinung sagte Unsere Liebe Frau: „Komm zum Fuß des Altars. Dort werden die Gnaden verliehen." Schwester Cathérine lernte von Maria, wie man beten soll. Später wurde Cathérine heilig gesprochen.

Pater Kevin sprach mit mir darüber, wie wertvoll es sei, die Medaille zu verteilen. Er gab mir fünfhundert solcher Medaillen und meinte, ich sollte diese während meines geplanten Besuches in Brasilien verteilen, wohin mich Präsident Figueiredo eingeladen hatte.

Wenige Tage vor meiner Abreise nach Brasilien wurde mir mitgeteilt, dass der Präsident sehr krank sei. Er hatte einen schweren Herzanfall erlitten. Ich reiste am 7. Oktober ab. Als ich in die Residenz des Präsidenten kam, war er von Ärzten und Staatsbeamten umgeben. In wenigen Tagen sollte er in die USA geflogen werden, um am offenen Herzen operiert zu werden.

Ich betete mit ihm, und während des Betens erhielt ich den Impuls, ihm eine der Wunderbaren Medaillen zu geben. Ich tat dies und erzählte ihm deren Entstehungsgeschichte. Seine Freude überraschte mich. Er fragte: „Hat Ihnen jemand erzählt, was ich gerade getan habe?“ Da erklärte mir Präsident Figueiredo, dass er sofort nach seinem Amtsantritt einen nationalen Feiertag zu Ehren Marias bestimmt habe, den 12. Oktober, das Fest Unserer Lieben Frau von Aparecida – trotz der Opposition von Spiritisten und Christen, welche die Stellung Marias nicht verstanden.

An diesem Tag verließ ich den Präsidenten, um auf seine Einladung hin mit Mitgliedern seines Kabinetts und mit anderen Staatsdienern gemeinsam zu beten. Während des Gebets mit den Regierungsbeamten war ich mir der Gegenwart der Gottesmutter bewusst. Ich steckte jedem von ihnen die Medaille an und empfing für jeden von ihnen ein Wort des Herrn. Es war, als ob mir der Herr ihr inneres Leben zeigte. Sie waren zutiefst angerührt. Der Präsident rief zu einem Staatsakt am Schrein Unserer Lieben Frau von Aparecida auf, um ihr das Land zu weihen. Wegen seiner Erkrankung konnte er nicht daran teilnehmen, doch er bat mich, zu der Veranstaltung zu gehen, und ich stimmte mit Freuden zu.

Über zweihunderttausend Menschen waren um das Heiligtum versammelt. Viele Bischöfe konzelebrierten an diesem Tag bei der Messe. Der Vizepräsident führte in Abwesenheit von Präsident Figueiredo den Weiheakt an. Er sprach ein bewegendes Gebet aus der Tiefe seines Herzens und bat Maria um Fürbitte bei ihrem

Sohn für die Kirche wie für die Regierung. Er betete, dass Gerechtigkeit die Nation durchdringen möge und dass die Lehren von Papst Johannes Paul II. beherzigt werden mögen.

Später wurde der Präsident zur Operation nach Nordamerika gebracht. Zuerst hatte er die Reise dorthin verweigert, weil er sich vor der Operation fürchtete. Als es soweit war, teilten ihm die Ärzte mit, er habe mit mindestens zwei Monaten Rekonvaleszenz zu rechnen. Die Ärzte in Cleveland (USA) jedoch meinten, die Operation sei nicht sofort notwendig, woraufhin er nach Hause zurückkehrte. Und als er ungefähr zwei Jahre später doch operiert wurde, erlebte der Präsident eine unvorstellbare geistliche Heilung – die Macht Gottes zeigte sich in mehreren familiären Vorkommnissen. Als Weihnachtsgeschenk erhielt jedes Familienmitglied in jenem Jahr eine Medaille von ihm.

Ich war überwältigt vom Glauben und der Ehrfurcht der brasilianischen Katholiken. Als Ergebnis einer meiner Vorträge organisierten die führenden Damen des Landes eine eucharistische Prozession und einen Rosenkranz-Kreuzzug für den Frieden im Land und in der ganzen Welt. Dies fand in der Hauptstadt Brasilia statt.

Als ich nach Tampa zurückkehrte und die Reise nach Brasilien überdachte, war ich erschüttert von den vielen Bekehrungen und erfolgten Heilungen. Viele Menschen bezeugten, sie hätten, als ich ihnen die kleine Medaille als Erinnerung an Maria gab, ein Verlangen verspürt, ihren Glauben wieder zu praktizieren. Andere berichteten von körperlichen Heilungen und von der Wiederherstellung menschlicher Beziehungen.

Etwa zwei Monate später war ich zu meiner üblichen Gebetszeit in der Kapelle, als ich deutlich hörte: „Briege, du musst in die Rue du Bac gehen!" Ich hatte nicht die Absicht, nach Paris zu fliegen, und sah deshalb auch keine Möglichkeit, in die Rue du Bac zu kommen. Im März sollte ich nach Belgien reisen, um Kardinal Suenens zu besuchen. Aber Belgien ist nicht Paris. Trotzdem wurde der Gedanke immer stärker: „Du wirst gehen!"

Drei Tage später rief mich Frau Margie Grace aus New York an. Sie und ihr Mann Peter waren mir eine große Unterstützung in meinem Dienst. Margie wusste, dass ich nach Europa zu reisen beabsichtigte. Sie teilte mir mit, dass ihr Privatjet nach Europa flöge, und bot mir an, mitzukommen. Sie fragte mich, wohin ich zu reisen beabsichtigte. Ich sagte ihr, Belgien sei mein Ziel, und dass ich den dringenden Wunsch hätte, in Paris in die Rue du Bac zu gehen. Und so kam ich am 19. März, dem Fest des heiligen Josef, dorthin.

Es ist mir kaum möglich, die Erregung und den Enthusiasmus in meinem Inneren zu beschreiben, als ich mich der Rue du Bac näherte. Als ich in der wunderschönen kleinen Kapelle niederkniete, sah ich die Statue der Jungfrau Maria mit dem Globus in den Händen. Alles war mir so vertraut! Ich fragte mich, wo ich diese Statue schon gesehen hatte ... Plötzlich durchlebte ich wieder meinen Traum von 1973 und sah mich den Globus in Empfang nehmen. Als ich den Globus entgegennahm, entfaltete sich eine Schriftrolle vor meinen Augen. Darauf stand geschrieben: „Geh und mache mich zur Königin der Herzen der Menschen, die du triffst. Sprich zu der Welt von meiner mütterlichen Liebe und von meinem Schutz. Der Erdball ist die Welt, die du bereisen wirst. Wenn ich die Königin meines Volkes geworden bin, dann werde ich die Königin der Welt sein. Und es wird Friede herrschen." Da erinnerte ich mich, dass dies die Botschaft gewesen war, an die ich mich damals nach meinem Traum nicht mehr hatte erinnern können.

Alsbald hatte ich die Vision eines leblosen und verschrumpelten menschlichen Herzens. Die Gottesmutter zeigte mir einen Schlüssel, den sie in dieses Herz einbrachte. Als sie das Herz öffnete, legte sie etwas hinein, und auf einmal erwachte das Herz zu pulsierendem Leben. Sie sagte mir, ich solle die Wunderbare Medaille als ein Mittel dafür einsetzen, Maria den Gläubigen bekannt zu machen. Sie ihrerseits würde die Menschen dann zu ihrem Sohn führen, zu Jesus, der uns lebendig macht. Jetzt begriff ich, warum so viele Leute in Brasilien, denen ich die Medaille gegeben hatte, offen wurden für die Leben spendende Macht Jesu Christi.

Drei Tage darauf gab mir ein Freund, ohne etwas von meiner Erfahrung zu ahnen, eine Wunderbare Medaille in Form eines Schlüssels. Seit dieser Zeit bin ich mit Tausenden von Medaillen um die Erde gereist. Mehr noch, ich habe im Heilungsdienst eine neue Dimension zu sehen begonnen: Die Menschen kehren zurück zu unserem katholischen Bekenntnis, sie kehren um zum Sakrament der Versöhnung.

Die Königin des Friedens

In der Rue du Bac sagte mir die Gottesmutter, sie werde als Königin des Friedens bekannt werden. Einige Jahre später glaubten nun viele Menschen an die Erscheinungen der Gottesmutter in Medjugorje in Bosnien-Herzegowina, wo sie die Menschen inständig bittet, umzukehren und um den Frieden zu beten.

Im Mai 1981 war ich in Rom und durfte mit Pater Tomislav Vlasic, einem Priester aus Medjugorje, beten. Er hatte mich um Gebet für seine Pfarrarbeit in Bosnien gebeten. Dabei bekam ich eine der Visionen, wie ich sie öfters erhalte. Ich sah eine weiße Kirche mit Doppeltürmen. Der Pfarrer saß auf dem Priesterstuhl im Chor der Kirche, und Ströme lebendigen Wassers flossen vom Altar. Viele Menschen kamen herbei, schöpften Wasser mit ihren Händen und tranken davon.

Pater Tomislav war sehr getröstet durch dieses Bild, denn seine Pfarrei durchlitt schwere Zeiten. Die Kirche erlebte große Schwierigkeiten, und die Regierung war der Kirche keinesfalls freundlich gesinnt. Es war etwa einen Monat später, am 24. Juni, als die Mutter Gottes zum ersten Mal fünf Jugendlichen aus Medjugorje erschien. Seit dieser Zeit zeigt sie sich täglich, und

Sr. Briege und Fr. Tomislav Vlasic in Medjugorje

viele Bekehrungen und Wunder haben sich in diesem Bauerndorf in Bosnien ereignet. Tausende kommen aus der ganzen Welt herbei.

Maria bittet die Menschen, zu ihrem Sohn umzukehren. Sie versprach viele Glaubenserneuerungen und Bekehrungen, wenn die Menschen beten, fasten und zur Beichte gehen, und dies werde alle zum Frieden führen. Wieder bezeichnete sie sich als Königin des Friedens. Pater Tomislav fand sich genau in der Kirche wieder, die ich ihm aufgrund meiner Vision in Rom beschrieben hatte. Als das Interesse an Medjugorje zunahm, fragte man mich, ob ich wohl dorthin gehen würde. Obgleich viele Leute überrascht waren, dass ich nicht im Sinn hatte, nach Medjugorje zu gehen, hatte ich mich nie dorthin gerufen oder gezogen gefühlt.

Im März 1985 leitete ich Einkehrtage in Irland. Dabei traf ich einen irischen Herrn, der jetzt in England wohnt. Er zeigte sich sehr erstaunt, dass ich noch nicht in Medjugorje gewesen war, und schien sich sicher zu sein, dass ich eines Tages dorthin gehen würde. Er bot mir sogar an, alle Vorbereitungen zu treffen, und versprach, seine Frau und er würden mich begleiten, falls ich mich zur Reise entschließen könnte. Ich dankte ihm für sein Angebot, wandte aber ein, dass mein Terminkalender für das nächste und wohl auch für das übernächste Jahr schon voll sei, so dass ich keine Möglichkeit sah, dorthin zu reisen. Als er am Nachmittag fort ging, wollte er am folgenden Morgen nach England zurückkehren.

Früh am nächsten Morgen erhielt ich beim Rosenkranzgebet ein überwältigendes Gefühl der Gegenwart Marias und schien eine Stimme zu hören: „Du musst nach Medjugorje reisen, dort will ich dir eine Botschaft für meine Priester geben. Du wirst am Fronleichnamsfest reisen!" Ich fragte mich, ob es nur eine Einbildung oder ein Verlangen in mir war, nachdem ich so viel über Medjugorje gehört hatte. Ich betete um Führung und die Gabe der Unterscheidung. Dreierlei geschah, was mir die Botschaft zu bestätigen schien.

Ich öffnete die Bibel bei der Schriftstelle, die ich für Pater Tomislav 1981 in Bezug auf das lebendige Wasser erhalten hatte. Zweitens fiel im folgenden Jahr das Fronleichnamsfest genau auf die anderthalb Wochen im Juni, die ich frei hatte. Drittens war mir bewusst, dass ich durch mein Gelübde verpflichtet war, diese Idee meiner Generaloberin zu unterbreiten. Ihre Entgegnung würde bestätigen, ob ich gehen sollte. Deren Reaktion war sehr enthusiastisch. Eine weitere Bestätigung kam, als jener Herr aus England zurückkehrte. Er war im Begriff abzureisen und erhielt einen starken Impuls, ins Exerzitienhaus, wo ich Besinnungstage leitete, zurückzukehren. Also fuhr ich doch nach Medjugorje.

Am ersten Abend dort sprach Pater Tomislav Pervan mit großer Begeisterung und Vollmacht.

Die Kirche war brechend voll. Während er predigte, begann ich zu weinen, obgleich ich nicht verstehen konnte, was er auf Kroatisch sagte. Aber ich bekam ein inneres Gesicht von einer Gruppe von Priestern, die gerade vom Bösen und von der Sünde überwältigt wurden. Sie glaubten nicht an die Vollmacht, die sie hatten, um die Sünde zu überwinden. Es war eine traurige und Furcht einflößende Szene. Als die Messe vorüber war, fragte ich den Pater, über was er denn gepredigt hatte. Seine Predigt entsprach genau meiner Eingebung. Er hatte über die Sünde in der Welt gesprochen, über die Notwendigkeit, Christi Macht zu Hilfe zu rufen und sich die Waffenrüstung Gottes anzulegen (vgl. Eph 6,10-17). Er sprach über das Priestertum und die Notwendigkeit, den Kräften des Bösen entgegenzutreten.

Ich erhielt eine Botschaft von Maria, die ich den Priestern mitteile, wenn ich Einkehrtage halte. Ebenfalls hatte ich Gelegenheit, den Gebetsgruppen und den jungen Leuten dort geistlich beizustehen und mich im Raum der Erscheinungen aufzuhalten. Und ich konnte mit denjenigen sprechen, denen Maria erscheint.

Die Jugendlichen von heute werden von der Gesellschaft ausgebeutet und sind den Angriffen Satans ausgesetzt. Reinheit und Keuschheit werden von der Gesellschaft nicht geachtet. In Medjugorje war ich jedoch Zeugin einer schier unglaublichen Dichte der

Anwesenheit Marias und ihrer Reinheit in den jungen Menschen, besonders in solchen, die zu der Gebetsgruppe gehörten, welche die jungen Leute auf Marias Anweisung hin gegründet haben. Während meiner Zusammenarbeit mit dieser Gebetsgruppe sprach ich mit ihnen darüber, auf der Suche nach Heiligkeit treu zu bleiben. Ich beschwor sie, jederzeit die Angriffe des Bösen im Auge zu behalten, der sie von der Heiligkeit abzuhalten versucht. Ich teilte mit ihnen die Freude, Jesus das eigene Leben zu überantworten. Gott ist nie an Großmut zu übertreffen. Am folgenden Tag erhielt Jelena, eine der Seherinnen, eine Botschaft von der Mutter Gottes, die meine Worte bestätigte.

Mein Leben lang habe ich Fronleichnam als einen besonderen Tag gefeiert, doch nirgendwo war ich an diesem Tag von so viel Glauben, Verehrung und Liebe zur Eucharistie umgeben wie in Medjugorje. Maria hat mich so viele wunderschöne Wege gelehrt, wie man Menschen zu ihrem Sohn bringen kann. Einer der Wege ist der Rosenkranz. Pater Pio, der heilige Mystiker, sagt über den Rosenkranz: „Maria gibt ihren Kindern ein Schwert in die Hand, und dieses Schwert ist der Rosenkranz." Ich glaube, das Beten des Rosenkranzes entspricht einfach einem Mit-Gehen mit Maria durch das Leben Jesu.

Papst Paul VI. sprach vom Rosenkranz als von einem Evangelium, konzentriert auf die Geheimnisse der erlösenden Menschwerdung. Das Rosenkranzgebet ist ein Gebet mit klarer christologischer Orientierung.

Sr. Briege mit der Seherin Vicka Ivankovic in Medjugorje

Als Klarissin glaube ich mit all meinen Schwestern auf der ganzen Welt, dass wir uns durch eine große Liebe zu Maria inspirieren lassen müssen – durch eine Liebe zu der jungfräulichen Mutter, indem wir unser zölibatäres Leben als eine Quelle geistlicher Fruchtbarkeit in der Kirche ansehen, als prophetisches Zeichen für Gottes Kinder, das auf das kommende Leben in Herrlichkeit deutet, das uns in der Auferstehung erwartet.

Gehen wir im Namen des Herrn!

Als ich mein Elternhaus verließ, um mich dem Leben einer Armen Klarissin zu weihen, hätte niemand an den Plan gedacht, den der Herr für mein Leben hatte: mich aus meiner Heimat hinweg bis an die Enden der Erde zu führen, damit ich sein Evangelium verkünde.

Die heilige Clara, die Gründerin unseres Ordens, empfing einst ein Wort von Gott, ein Wort für den heiligen Franziskus, das ich mir als Klarissin-Franziskanerin ebenfalls zu Herzen nehme: Gott rief dich nicht allein um deiner selbst willen, sondern auch für die Rettung anderer.

Ich weiß, dass wir aufgrund unserer franziskanischen Freiheit befähigt sind, im Geist der heiligen Clara voll Freude unsere Charismen in unterschiedlichen Apostolaten in die Tat umzusetzen. So gehe ich mit Freude, dem Segen und der Unterstützung meines Ordens im Namen des Herrn, um seine Liebe und seine heilenden Kräfte zu verkünden. Gott hat mein Leben durch meine Reisen bereichert und es mit Lob für seine Güte sowie mit Liebe zu den Menschen angefüllt.

Es ist der Herr, der Wunder tut. Ich bin davon überzeugt, dass niemand mehr durch seine Güte werden kann, als ein Wegweiser, der zu ihm hinweist, so dass andere ihn in ihrem Herzen entdecken können und ihm erlauben, sie zu segnen. Ich bin, wie es die Gottesmutter sagte, um den ganzen Globus gereist. Seit ich Pater Kevin kennengelernt habe, haben meine internationalen Reisen eine neue Dimension erhalten. Er besitzt ebenfalls eine große Liebe zur Eucharistie, und ist sich ihrer Kraft voll bewusst.

Wir waren Zeugen dieser eucharistischen Kraft, als wir unlängst im Fernen Osten unterwegs waren. Pater Kevin ging durch die Gänge eines Stadions, das mit über zwanzigtausend Menschen gefüllt war. Wir hatten zu ihnen über Jesus gesprochen, der sie wahrhaftig liebt und in der Eucharistie wirklich gegenwärtig ist. Pater Kevin forderte die Menschen auf, ihre Hände der Monstranz entgegenzustrecken, die Jesus in der heiligen Hostie enthielt, und Jesus dabei um Segen und Heilung zu bitten. Ich stand betend am Mikrofon und ermutigte sie, ihre Aufmerksamkeit auf den Herrn zu konzentrieren. Dort sollte ihr Augenmerk liegen. Es besteht immer die Gefahr, dass die Leute sich auf den Priester ausrichten, statt auf den Herrn.

In Taiwan, einem Land, in dem sich so viele Menschen falschen Göttern zuwenden, verkündigten wir vielen Ungläubigen das Evangelium. Aber wir sahen auch bei Katholiken die Notwendigkeit, die große Macht der Eucharistie und die anderen Gaben, die unser Glaube uns schenkt, zu entdecken. Wir betonten nachdrücklich die Sakramente, besonders das Sakrament der Versöhnung. Die Krankensalbung brachte viele Wunder der Heilung. Im Fernen Osten sahen wir viele Nichtchristen auf die Knie fallen vor der heiligen Hostie, und sie erkannten Jesus darin an. Später baten sie uns, ihnen unseren Glauben und das Geheimnis der Eucharistie zu erklären.

Ein wirklich wunderbares Ereignis in Hawai zeigt die große und unterschiedslose Liebe Jesu. In einem unserer Heilungsgottesdienste ging Pater Kevin mit dem Allerheiligsten in einer Prozession durch das Kirchenschiff. Ich stand um Heilung betend am Mikrofon, während die Gemeinde sich auf Jesus konzentrierte. Eine junge katholische Frau hatte eine Freundin, eine Mormonin, mitgebracht. Diese Mormonin hatte deformierte Hände. Sie hatten darauf gehofft, dass wir mit dem Mädchen beten würden. Zu ihrer großen Verwunderung beteten wir nicht mit einzelnen Personen, sondern wir brachten Jesus zu ihnen und baten sie, sich ganz auf ihn auszurichten.

Ganz wie in Lourdes hielt Pater Kevin die Monstranz empor und segnete die Menschen. Das junge Mormonenmädchen erklärte später, dass sie unseren Vortrag über die Eucharistie nicht wirklich verstanden habe, sie habe jedoch wahrgenommen, dass wir Katholiken davon überzeugt waren, dass diese Hostie die wahrhaftige Gegenwart Jesu ist. Als Pater Kevin die Menschen segnete, sah sie auf die heilige Hostie und bat Jesus um Linderung der Schmerzen in ihren deformierten Händen. Während sie die Hostie ansah, fühlte sie von ihr etwas ausgehen und durch ihren Körper fließen. Als sie die Kirche verließ, stieß sie ihre Freundin an und sagte: „Sieh mal!“ Sie zeigte ihr ihre Hände, und die Hände waren geheilt.

Wunder geschehen wirklich! Wir glauben, dass der Herr durch sein Tun an dem Mormonenmädchen uns Katholiken sagen will: „Siehst du das und glaubst du an meine Macht?“

Seelsorge in Südamerika

Südamerika ist mir ein sehr vertrauter Kontinent geworden. Ich bin viele Monate lang durch eine Reihe von Ländern gereist, u. a. Chile, Peru, Brasilien und Venezuela. Im Jahr 1979 hatte ich eine denkwürdige Sendung in Lateinamerika zu erfüllen.

Ich erlebte mein erstes Erdbeben in einem Via del Mar genannten Ort in Chile. Obwohl es wenig Schaden anrichtete, war ich erschrocken, als mein Bett durch das Zimmer rutschte. Auf dieser Reise führte mich Gott zu einer Kirche, in der ein Priester auf mich wartete. Er hatte einen Traum gehabt, in dem ihm gesagt wurde, er solle in der Kirche auf jemanden warten. Ich war diejenige, die ebenfalls den Impuls verspürte, unverzüglich zu dieser Kirche zu gehen, wo ich ihm dienen konnte.

Die endlosen Fahrten und langen Wege in Peru wiesen mich auf die Gefahren des Missionslebens hin, doch die Freude und der Glaube Tausender, die herbeikamen, um Jesus zu verehren und Heilung bei ihm zu suchen, war erfrischend. Ich wurde Zeuge vieler Heilungen unter den Armen Gottes. Stundenlang stand ich da und betete einzeln mit den Menschen.

In Bolivien wurde mir schwindelig – die Stadt La Paz liegt ca. 4400 Meter über dem Meeresspiegel. Ich durchquerte die Stadt nur, um Einkehrtage in Cochabamba zu halten, doch der Lauf der Ereignisse änderte meine Pläne. Ein Militärputsch hatte sich über Nacht ereignet. Als ich am Flughafen ankam, um die Stadt zu verlassen, war er geschlossen. Die nächsten sieben Tage wurde ich zusammen mit meiner chilenischen Dolmetscherin Blanca und meiner amerikanischen Reisegefährtin Jill Zeugin eines furchtbaren, blutigen Bürgerkriegs. Jeden Tag beobachteten wir aus unserem Hotelfenster, wie die Soldaten aufeinander schossen und die Stadt in Aufruhr war.

Nachdem wir tagelang Radioberichte gehört hatten, die besagten, dass wir vielleicht wochenlang nicht herauskommen könnten, beschlossen wir, eine lange Gebetsnacht zu halten und Gott um Schutz zu bitten. Es wurde uns bewusst, dass wir uns nicht um uns selbst sorgen sollten, sondern um die vielen armen Menschen, die unter diesen Kämpfen litten und für die wir beten sollten. Wir fühlten, dass Jesus uns zu größerem Vertrauen aufrief, zur Geborgenheit unter seinem Schutz. Als er uns diese Worte kundtat, erinnerten wir uns an den Psalm 91, der von der Geborgenheit unter Gottes Schutz handelt.

Als wir in die Vereinigten Staaten zurückkamen, hörten wir, dass unsere Notlage bekannt geworden war. Viele Menschen begannen, für unsere Sicherheit zu beten, doch Mutter Angelica vom Kloster in Birmingham ist eine Frau, die ebenso an das Handeln wie an das Beten glaubt. Sie telefonierte mit der Regierung in Washington und berichtete, dass wir nicht aus der Gefahrenzone herauskommen konnten. Das half! Zwei Tage später bekamen wir Besuch von einer Angehörigen der Botschaft der USA. Sie riet uns, früh am nächsten Morgen am Flughafen zu sein. Zwei Militärflugzeuge wurden aus Panama hierher beordert, um die Bürger der USA zu evakuieren. Jill und ich stellten uns auf dem Flughafen den amerikanischen Beamten vor. Als sie die Namenslisten der zu evakuierenden amerikanischen Staatsbürger prüften, lächelte ich, als der Pilot uns fragte: „Sind Sie die beiden amerikanischen Missionare?" Ich hatte mich nie als amerikanische Missionarin gesehen.

Welch ein Gefühl der Erleichterung empfanden wir, als wir an Bord der Militärmaschine waren, die uns nach Peru zurückbrachte. Wir wurden von Angehörigen der amerikanischen Botschaft in Lima empfangen und viele Fernsehkameras waren auf uns gerichtet. Alle Möglichkeiten, die uns als amerikanischen Staatsbürgern zur Verfügung standen, wurden uns unterbreitet, z. B. Flüge in die USA, Hotels zum Übernachten und vieles andere, womit uns die Botschaft in dieser Notlage helfen konnte. Pfarrer Mike LaFaye holte uns ab. Eine Woche zuvor hatte ich ihm versprechen müssen, eines Tages nach Lima zurückzukommen. Er meinte, er habe nicht von mir erwartet, mein Versprechen so bald einzulösen.

Dann flog ich nach Brasilien, in das Land, das ich immer mehr lieben lernte und noch viele Male besuchen würde. Das brasilianische Volk erinnert mich an die Iren. Ich meine, dies liegt am schlichten Glauben und ihrem warmen, herzlichen Benehmen. Ich fühlte mich richtig zu Hause in diesem Land, trotz aller Unbequemlichkeiten und dem häufigen Klimawechsel.

Ingrid und Peter Orglmeister hatten einen randvollen Terminplan für meinen Besuch in Brasilien ausgearbeitet. Ingrid war dort meine Dolmetscherin. Genauer gesagt, ist sie mit mir auf der ganzen Welt unterwegs gewesen und stand mir bei, die Botschaft des Herrn zu verbreiten. Sie und Peter sind ein großartiges katholisches Ehepaar und haben der Kirche auf vielerlei Weise gedient. Ich sprach an vielen Orten in ganz Brasilien. Tausende füllten die Stadien. Einmal musste ich auf einen Lastwagen klettern, um von dort zu den Massen zu reden, die auf über zwanzigtausend angewachsen waren.

Ein andermal rief ich die Menge auf, für die Priester zu beten. Wir möchten ja immer eine heilige Messe feiern! Ich half den Menschen, ihre Aufmerksamkeit nicht auf mich oder auf sich selbst, sondern auf den Herrn in der Eucharistie zu lenken. Vor der Messe rief ich die Priester nach vorn und bat die Leute, sich zum Gebet für sie zu verpflichten. Dies war eine Quelle der Ermutigung für die Priester, denen man – wie ich entdeckte – Aufmerksamkeit schenken und ihnen für ihre Aufgabe danken sollte.

Diese Reise durch Südamerika im Jahr 1979 war der Beginn einer Sendung zu den Priestern und Bischöfen in ganz Lateinamerika, besonders aber in Brasilien. Seit diesem Besuch bin ich auf Einladung verschiedener Kardinäle und Bischöfe zu mehreren Einkehrtagen in die Diözesen zurückgekehrt.

Treffen der Regierungschefs

Ich habe die Nöte und Kämpfe erfahren, die die Missionare bei ihrem Bemühen auf sich nehmen, den Armen zu helfen und mit Unterdrückung fertig zu werden. Sowohl in Peru als auch in Brasilien gab mir der Herr Gelegenheit, mit den Präsidenten und Regierungsbeamten dieser Länder zu sprechen.

Vor einigen Jahren saß ich in einer Kirche in Lima. Ich spürte Gottes Frage an mich, ob ich hingehen würde, wohin auch immer er mich senden wollte, um das zu verkünden, was er mir auftrug. Ich flehte ihn an, mich als Hilfe für sein Volk einzusetzen und mich vor der Blindheit gegenüber meiner Aufgabe zu bewahren, die ich dem ganzen Volk Gottes gegenüber hatte: Reichen und Armen, Unterdrückten und Unterdrückern.

Später an diesem Morgen meinte eine Schwester, es wäre eine großartige Idee, den peruanischen Präsidenten kennenzulernen. Sofort merkte ich, dass mich Gott genau an diesem Morgen auf eine Begegnung mit dem Präsidenten vorbereitet hatte. Am selben Tag, mittags um drei, war ich beim Präsidenten von Peru. Nach einem sehr angenehmen Gespräch spürte ich, dass Jesus mir auftrug, mit ihm zu beten. Ich machte ihm den Vorschlag, und er war vollkommen einverstanden. Während ich betete, hatte ich eine Vision, die sehr machtvoll zu diesem Mann sprach. Ich empfand Gottes Liebe und Fürsorge für ihn, und ich weiß, dass auch er sie empfand. Am gleichen Tag betete ich mit dem Innenminister und vielen anderen. Ich verschenkte Hunderte von Wunderbaren Medaillen.

Vor meiner nächsten Fahrt nach Brasilien, im Februar 1980, starb unerwartet mein Vater. Für uns alle war es ein sehr trauriger Augenblick. Da mein Terminplan geändert werden musste, weil ich bei meiner Familie blieb, war ich nicht in der Lage, mich ausreichend auf einen Monat Seelsorgearbeit mit Priestern und Laien vorzubereiten. Auf meinem Weg nach Brasilien fühlte ich mich dermaßen unvorbereitet, dass ich Jesus darum bat, mir meine innere Leere und den Schmerz über den Verlust meines Vaters wegzunehmen.

Trotz mangelnder Vorbereitung fühlte ich, dass es eine meiner kraftvollsten Tagungen war, denn ich trug nichts Eigenes dazu bei. Aus eigener Armut heraus musste ich allein den Herrn wirken lassen.

Während ich durch Brasilien reiste, dachte ich an die vielen Menschen, die mir von ihrem großen Zorn auf die Regierung erzählt hatten. Ich hatte aber auch viele getroffen, die nicht der Regierung die Schuld an den vielen Problemen des Landes anlasteten. Aber jeder war tief bekümmert über die Ungerechtigkeiten im

Land. All dies bedenkend, kam mir der Wunsch: „Jesus, ich würde gern den Präsidenten dieses großen Landes treffen. Er muss dich kennenlernen. Wie gern würde ich ihm von deiner Liebe zu ihm erzählen!" Eine Stimme antwortete: „Du wirst den Präsidenten treffen. Ich werde dir erlauben, ihm ins Herz zu schauen."

Ingrid erbot sich, ihm einen Brief zu schreiben, um Vorbereitungen für eine Zusammenkunft zu treffen. Irgendwie empfand ich, dies werde nicht notwendig sein. Gott zeigte uns, dass er uns schon immer einen Schritt voraus ist. Er braucht nur bereitwillige Werkzeuge, und Gott kann viel mehr vollbringen, als wir erwarten. Als wir auf unserem Weg zu Einkehrtagen für Priester auf dem Flughafen von Brasilia ankamen, erwähnte der uns erwartende Beamte, der Präsident habe angerufen und gefragt, ob es möglich sei, uns zu treffen. Ich lernte Präsident Figueiredo am nächsten Tag kennen. Es war ein sehr gesegnetes Zusammentreffen. Wir besprachen vielerlei und beteten zusammen. Er lud Ingrid und mich zum Abendessen ein. Im Präsidenten begegnete ich einem Mann, der – wie wir alle – unbedingt die große Liebe Jesu zu ihm persönlich begreifen und die Frohe Botschaft hören musste.

Als wir zusammen beteten, waren er und seine Frau sehr ergriffen. Ingrid bemerkte später zu mir: „Ich hätte nie gedacht, dass du es gewohnt bist, mit Staatsmännern zu reden." Vermutlich war sie überrascht darüber, dass ich vor dem Präsidenten freimütig Zeugnis über Jesus ablegte, indem ich ihm sagte, was Jesus von ihm als Staatsmann forderte. Bei diesem ersten Zusammentreffen mit Präsident Figueiredo spürte ich ein außergewöhnlich starkes Gefühl der Gegenwart Jesu. Ich fühlte: Jesus sprach zu einem seiner Kinder, und meine Aufgabe war es, dabeizusitzen und zuzuhören.

Eine Woche später erhielt ich eine persönliche Einladung des Präsidenten, zurückzukommen, um mit seiner Familie und anderen Menschen Gespräche über den Glauben zu führen. Ich kehrte zurück und verbrachte eine Woche zusammen mit vielen Beamten dieses großen Landes. Während dieses Besuches erkrankte der Präsident, weshalb das ganze Land der Jungfrau Maria in Obhut gestellt wurde. Ich lernte aus dieser Erfahrung, dass wir die Sünder nicht „auswählen können". Wir dürfen weder die Armen noch die Reichen aussparen. Wir dürfen weder die einfachen Leute noch die politischen Führer noch das Militär auslassen. Alle sind Kinder Gottes. Alle müssen sein Wort hören.

Es ist nicht möglich, all die Wunder aufzuzählen, die allein auf dieser Reise geschahen, doch ein paar bemerkenswerte Ereignisse verdienen es, erwähnt zu werden. Zum einen traf ich den Präsidenten und viele seiner Minister wieder. Ich betete mit jedem, und der Herr berührte sie. Der Verteidigungsminister schickte dem gesamten Generalstab eine Einladung, an den Glaubensgesprächen teilzunehmen, die von einer irisch-amerikanischen Nonne abgehalten wurden. Diese Chance, all diesen Offizieren das Wort Gottes zu verkünden, war schon allerhand. Um zu erkennen,

Gebet mit Soldaten in Brasilien

was der Herr von mir erwartete, hatte ich stundenlang gebetet. Einige der Ehefrauen dieser Männer waren in der Charismatischen Erneuerung. Kaum hatte ich das Gespräch beendet, begannen sie zu singen: „Der Herr regiert ..." Höchstwahrscheinlich war es das erste Mal, dass Tausende von Soldaten auf einem großen Militärparadeplatz „Der Herr regiert" sangen.

Zum anderen lud mich der Gouverneur des Bundesstaates Brasilia ein, mehreren Großindustriellen, Politikern und hohen Regierungsbeamten einen Vortrag zu halten. Überdies gab man mir Gelegenheit, das Wort Gottes am Mittag, zur besten Fernsehzeit, zu verkündigen.

Auf dieser Brasilienreise bat mich der Präsident, für seine Hausgemeinschaft zu beten. Natürlich, so meinte ich, betrifft das die Dienstmädchen und sonstigen Angestellten. Aber als wir zu seiner Residenz kamen und aus dem Wagen stiegen, sah ich, dass die Leibgarde auf Ingrid und mich zumarschierte. Ich bewunderte sie und fragte mich, wohin sie wohl wollten. Als ich Ingrid fragte, erfuhr ich, dass sie sich vor uns aufstellten, damit ich mit ihnen beten konnte. Ich dachte: „Nein, das ist unmöglich, all die vielen Soldaten!“ Der General befahl ihnen, sich in einer Reihe vor uns aufzustellen. Als sie alle angetreten waren, salutierte der General und stellte mich seinen Soldaten vor. Ich wünschte, ich könnte mich an diese Worte des Generals erinnern, doch tausend Gedanken jagten mir durch den Kopf, und ich dachte: „Was soll ich all diesen Männern bloß sagen?“ Dann hörte ich in meinem Herzen: „Gib mir deine Hände, damit ich diese Männer berühre, segne und ihnen meine heilende Liebe übermittle, und ich will dir mein Herz geben, mit dem du sie lieben sollst.“

Zuerst hielt ich eine Ansprache über Jesus, dann ging ich von Soldat zu Soldat und betete mit ihnen. Da ich ihnen meine Hände wegen der Helme nicht auflegen konnte, legte ich sie auf ihr Herz. Ingrid erzählte ich später, dass ich noch nie im Leben so viele Männerherzen schlagen gespürt hatte wie an diesem Tag.

Der Herr zeigte mir unter diesen Helmen Männer, für die er gestorben war. Während ich von Mann zu Mann ging, lehrte mich der Herr, wie leicht eine Uniform uns dazu verführt zu überhören, was Jesus uns in seinem größten aller Gebote lehrt: alle Menschen zu lieben und ihnen zu vergeben. Als ich diese Männer ansah, sah ich das Antlitz Jesu. Viele hatten Tränen in den Augen. Ich zweifle nicht daran, dass sie ebenso wie ich die Gegenwart Jesu fühlten.

Der Herr hat mir gezeigt, wie wahr die Worte des Engels sind, die er bei der Verkündigung zu Maria gesprochen hat: „Für Gott ist nichts unmöglich!" Meine Antwort muss dieselbe sein, die Maria gab: ein Ja im Glauben, dass Gottes Wort geschieht. Wenn ich heute auf die vielen Länder zurückschaue, in denen der Herr mir erlaubt hat zu dienen, wird mir bewusst, dass Jesus lebendig ist und handelt und nur von uns erwartet, dass wir glauben und bereit sind zu sagen: „Gehen wir im Namen des Herrn!"

Feiern wir den Glauben in Treue!

Christ sein bedeutet, sich für die Nachfolge Jesu zu entscheiden, nach seiner Lehre zu leben und seine Gebote zu befolgen. Wir erleben heute eine weltweite Glaubenserneuerung. Menschen nehmen Jesus zum ersten Mal in ihrem Leben an, oder sie erneuern ihren Glauben an ihn und ihre Hingabe ihm gegenüber.

Als Katholiken freuen wir uns an der Fülle seiner Offenbarung in der Bibel. Wir glauben ebenfalls, dass der Herr durch unsere Glaubensgeschichte, durch unsere Geschichte des Fallens und Wiederaufstehens, zu uns spricht. Wir glauben, dass Jesus es ernst meinte, als er uns versprach, alle Tage bei uns zu sein, und dass die Hölle uns nicht besiegen würde. Wir glauben daran, dass Jesus meinte, was er sagte, als er Petrus die Schlüssel des Himmelreichs übergab. Wir glauben, dass Jesus meinte, was er sagte, als er Petrus das Amt übertrug, seine Lämmer und Schafe zu nähren und zu weiden, und als er seinen Aposteln sagte, im Himmel werde das bestätigt, was sie auf Erden binden oder lösen.

Mit einem Wort: Wir glauben, dass Jesus ebenso durch die Überlieferung zu uns spricht wie durch die Heilige Schrift; dass sein Leben nicht nur in den geschichtlichen und zugleich von Gott inspirierten Seiten der Bibel enthalten ist; dass er durch seinen Geist ebenso in Petrus und den Aposteln zu seiner Kirche spricht. Wir glauben, dass der Herr durch die Nachfolger von Petrus und den Aposteln zu uns spricht.

Die Apostel und ihre Nachfolger, unsere Überlieferung und unsere Heilige Schrift haben uns gelehrt, dass der Herr seiner Kirche besondere Gaben schenkt, durch die wir seine Gegenwart auf uns herabrufen. Diese Gaben sind die Sakramente: Taufe, Versöhnung, Eucharistie, Firmung, Ehe, Priesterweihe und Krankensalbung. Die Sakramente sind lebendige Begegnung mit Jesus, der uns stärkt und uns hilft, unsere Hingabe zu leben.

Wir treten durch den Glauben in das Leben Gottes ein. Wir glauben, dass der Glaube ein Geschenk ist, kostenlos geschenkt und gefeiert in der Taufe. Durch die Taufe werden wir vom Vater adoptiert. Stellvertretend für uns geloben unsere Eltern und Paten, den Glauben zu pflegen und zu nähren. Eine Kerze wird uns geschenkt, die das Licht Christi symbolisiert. Wir beginnen unseren Lebensweg als Christen. Die Taufe unterscheidet uns von den Nichtchristen. Jetzt müssen wir entsprechend den Lehren und Geboten Jesu Christi handeln und leben.

Jesus ruft uns auf, ihm rückhaltlos nachzufolgen in unseren Taten und Beziehungen. Er kam zu uns, um uns das rechte Handeln und Leben in dieser Welt zu lehren. Als Jesus die Apostel zur Nachfolge berief, war sein Ruf radikal: „Komm und folge mir nach!“ Während seiner drei Lehrjahre lernten sie ihn persönlich kennen. Sie müssen gejubelt haben über alles, was nur er tun konnte. Er konnte heilen und Wunder vollbringen und er konnte jedem, der ihm ernsthaft zuhörte, Hoffnung schenken. Er war ein Mann der Kraft. Im Stillen müssen die Apostel gedacht haben: „Welch ein großartiges Leben steht vor uns! Unser Anführer ist so mächtig. Keine Probleme mehr! Er hat alle Antworten."

Ja, Jesus verfügt über alle Antworten, und er kann alles tun und ist voller Kraft. Doch er begann, diese Menschen herauszufordern. Es scheint, sie übersahen etwas Wesentliches, das Jesus am Anfang seines Lebens vermittelte: Er hatte keinen Ort, um sich zur Ruhe zu legen. Er verfügte über nichts, was die Welt als Geborgenheit bezeichnen würde. Er hatte nur seinen Vater.

Als er eines Tages über seinen Weg nach Jerusalem und über sein bevorstehendes Leiden sprach, war Petrus, der ihn liebte, entsetzt und versuchte Jesus davon abzubringen, dorthin zu gehen. Petrus sagte damit eigentlich: „Du kannst nicht leiden! Immerhin ist Leiden ein Zeichen von Schwäche!" Da tadelte Jesus den Petrus und erklärte seinen Jüngern, was es bedeute, ihm nachzufolgen. Die Verpflichtung, die sie als seine Nachfolger übernommen hatten, würde nicht leicht sein. Jesus sprach zu ihnen mit herausfordernden Worten. Als seine Nachfolger mussten sie bereit sein, sich selbst zu verleugnen, ihr Kreuz auf sich zu nehmen und ihm zu folgen.

In seinem eigenen Leben setzte Jesus all das um, wozu er seine Apostel und Jünger aufgerufen hatte. Er zeigte vollkommene Hingabe, um den Willen seines Vaters durch den Tod am Kreuz zu erfüllen. Die Apostel würden das, was Jesus meinte, nach dessen Tod und Auferstehung verstehen. Sie würden verstehen, was er mit dem Wort meinte: „Wenn die Welt euch hasst, dann wisst, dass sie mich schon vor euch gehasst hat" (Joh 15,18). Jesus erwartete nicht von seinen Jüngern, diese Verpflichtung aus eigener Kraft zu leben. Er versprach ihnen, den Heiligen Geist zu senden. Wir kennen die Wirkung von Pfingsten auf das Leben seiner Jünger. Ihre Furcht wurde in feurigen Glauben verwandelt, ihre Trauer in Freude, ihre Verzweiflung in Hoffnung (vgl. Apg 2).

Jeder Christ ist dazu aufgerufen, sich Jesus gegenüber ganz persönlich zu verpflichten. Während wir unsere Verpflichtung in den unterschiedlichsten Berufungen ausdrücken, muss Jesus der Erste auf unseren Lebenswegen sein. Seine Lehren müssen unser Tun leiten. Seine Gebote müssen unsere Wegweiser auf unserer Reise sein – für Geistliche, für Ordensleute und für alle Laien.

Nie darf ich der Welt erlauben, meinen Geist zu formen, so dass ich die Macht Gottes und seine Weisheit vergesse und stattdessen auf die Macht dieser Welt und ihr Wissen schaue. Jesus schenkt uns die Kirche als Leitlicht auf unserer Reise. Er gibt uns den Stellvertreter Christi, den Papst und die Bischöfe, deren Aufgabe es ist, uns beständig auf unserer Reise zu Gott zu ermahnen. Der Papst und die Bischöfe ihrerseits müssen in Treue zu ihren pastoralen Verpflichtungen gegenüber der Kirche und dem Evangelium stehen.

Meine Lebenshingabe an Jesus

Als Schwester der heiligen Clara habe ich mich Jesus hingegeben. Ich erkenne jetzt drei Gebiete in meinem Leben, auf denen ich von ihm lernen kann, diese Hingabe vollkommener zu leben: Vertrauen und Verzichten, das Kreuz, der Sieg und die Auferstehung.

Als ich in meinem Ordensleben zum ersten Mal mein Gelübde für Jesus ablegte, gelobte ich öffentlich, mein Leben in Treue zu führen und Jesus zu vertrauen, was auch immer er von mir verlangen würde. Ich kniete vor dem Bischof und der Generaloberin und gelobte mit symbolisch gebundenen Händen, ein Leben in Armut, Ehelosigkeit und Gehorsam zu führen. Ich unterzeichnete ein Dokument, das besagte, dass ich ein Leben lang treu sein würde. Dieses Gelübde gleicht dem der Eheleute, wenn sie sich an ihrem Hochzeitstag öffentlich Gott und einander anvertrauen.

Es war sehr leicht, dort vor dem Bischof zu knien. Diese Worte waren wunderschön und inspirierend. Als ich mit sechzehn Jahren meine zeitlichen Gelübde ablegte, da schien mir alles so endgültig zu sein. Als ich mit einundzwanzig meinen Ring empfing, das Symbol meiner völligen und endgültigen Hingabe im Orden der Schwestern der heiligen Clara, war dies großartig. Jetzt, fünfundzwanzig Jahre nach meinen ersten Gelübden, hat der Herr mich viel mehr über die Hingabe gelehrt. Nicht die Worte lösen mein Versprechen ein, sondern das Leben und die Entscheidungen für Jesus, die ich jeden Tag meines Lebens zu treffen habe.

Jahre nach der Ordensprofess oder nach der Hochzeit sagen viele, bei ihrem Versprechen hätten sie „wirklich nicht geahnt, was vor ihnen lag", und deshalb könne Jesus „sicher nicht erwarten, dass ich diese Gelübde ganz umsetze in meinem Leben".

Ich meine, dass man in einer Hingabe wächst. Wir entscheiden uns. Wir nehmen die Einladung an. Der Herr verspricht uns Kraft. Genau wie bei den Aposteln behauptet er nicht, wir hätten ein normales Leben vor uns. In Wirklichkeit sagt er uns, wenn wir alles um seinetwillen verlassen (vgl. Mk 10,29-30), müssen wir außerdem noch Verfolgung erleiden. Und das ist noch nicht alles. Er sagt, wir seien selig, wenn wir Verfolgung zu erleiden hätten (vgl. Mt 5,11-12) und wir sollten darüber jubeln.

Dies gilt auch für die Lebenshingabe im Orden der Klarissinnen. In der Rückschau wird mir jetzt klar, dass diese Hingabe nicht leicht ist. Es gibt in meinem Leben Augenblicke, in denen ich mich frage: „Was habe ich da gesagt? Was habe ich getan?" In diesen Augenblicken wird mir bewusst, dass mir der Herr die Gnade und die Kraft schenkt, wenn ich ihn anrufe, damit ich meiner Hingabe treu bleibe. Es war ein Augenblick wie dieser, als ich mit der Grundfrage der christlichen Hingabe konfrontiert wurde: „Wer kommt zuerst in deinem Leben?"

Wer kommt zuerst?

Meine Tante Lizzie war mir sehr lieb und teuer, einer Mutter sehr ähnlich. In der Tat hatte meine Mutter, bevor sie starb, meine Tante Lizzie gebeten, sich um mich zu kümmern, falls ihr selbst etwas zustoßen sollte, bevor ich erwachsen war. Obwohl ich in den Jahren nach dem Tod meiner Mutter nicht bei Tante Lizzie wohnte, wurde sie mir sehr vertraut. Sie wurde mir das, was eine Mutter sein sollte. Sie liebte mich wie eine Tochter und betete beständig für mich.

Wie es Brauch in den meisten Orden ist, erlaubt der Orden der Klarissinnen den Schwestern, ihre Angehörigen zu besuchen, besonders in Zeiten schwerer Krankheit oder im Todesfall. Als ich mich für Amerika entschied, fragte ich die Generaloberin, ob ich – da meine Mutter tot war und ich Tante Lizzie so nahestand – die Erlaubnis zur Heimfahrt erhalten würde, wenn meine Tante sehr krank würde oder im Sterben läge. Selbstverständlich wurde mir die Erlaubnis erteilt, und öfter machte ich gegenüber Tante Lizzie die Bemerkung: „Dass du mir ja nicht stirbst, bevor ich nach Hause komme!“ Ihre Antwort darauf lautete immer: „Ich habe nicht vor zu sterben. Ich werde da sein, wenn du heimkommst!“

Im Jahr 1984 ging ich nach Lateinamerika. Das war die Reise, auf der wir in Bolivien festsaßen, als der Bürgerkrieg ausbrach. Von Bolivien kamen wir nach Brasilien, wo ich einige Wochen mit seelsorgerlichen Diensten an Priestern, Schwestern und Laien zuzubringen hatte. In den ersten Tagen in Brasilien erhielt ich eines frühen Morgens einen Anruf, dass meine Tante einen Schlaganfall erlitten habe und im Sterben liege. Man sagte mir, ich müsse sofort nach Irland zurückkehren. Meine Vorgesetzte in Tampa versprach, ein Flugticket nach Irland zu besorgen und ich müsse so schnell wie möglich nach Tampa kommen.

Ich war außer mir! Tante Lizzie stand mir so nahe. Es war kurz vor der Messe, und ich beschloss, mit den Vorbereitungen zur Abreise nach Tampa zu warten bis nach der Messe. Ich hoffte in meinem Herzen, Tante Lizzie noch vor ihrem Tod zu sehen, und das war mir eine Quelle des Trostes. Ingrid und Jill gingen mit mir zur Messe und boten mir Trost in meinem Kummer.

Während des ersten Teils der Messe betete ich für Tante Lizzie und überlegte, was ich alles vor meiner Abreise zu tun hätte. Mein Terminkalender war voll, einiges musste abgesagt werden. Ich war fest entschlossen zu reisen, weil es richtig zu sein schien. Ich hatte die Erlaubnis, und meine Familie erwartete mich.

Während des Wortgottesdienstes betete ich für meine Tante, dachte über meine Pläne nach und erkannte, dass ich meinen Zeitplan für die kommenden Wochen zu revidieren hatte. Auf dem Weg zum Empfang der Kommunion lastete all das auf meinem Herzen. Als ich im Begriff war, die heilige Kommunion zu empfangen, fragte mich der Herr: „Briege, wer ist der Erste in deinem Leben?“ Sofort antwortete ich: „Du bist es, Jesus!“ Das Wort, das jetzt zu mir zurückkam, war sehr kraftvoll: „Deshalb will ich nicht, dass du nach Hause fährst. Ich habe dich hierher gebracht. Hier sollst du sein!"

Ich begann, mich zu verteidigen und sagte: „Aber, Jesus, ich muss nach Hause gehen, meine Tante liegt im Sterben und ich werde sie nie wieder sehen. Ich habe die Erlaubnis von der Generaloberin!" Ich brachte alle Einwände vor, die mir einfielen. Es war, als ob ich den Herrn seine Worte wiederholen hörte: „Briege, wer ist der Erste in deinem Leben?" Und wieder sagte ich: „Du bist es, Jesus!" Er antwortete: „Nun gut. Ich will nicht, dass du nach Hause gehst."

In diesem Moment sah ich mich selbst vor dem Herrn stehen, erst ihn und dann meine Familie ansehend. Es war vermutlich das erste Mal, dass ich nach all diesen Jahren wirklich die Entscheidung zu treffen hatte, zu der ich mich durch mein Gelübde verpflichtet hatte. Jesus stellte mich auf die Probe. Wo war mein Gelübde? Es gibt Zeiten in unserem Leben, wo wir bereit sein müssen, selbst den guten Absichten abzusterben, und zwar um des Herrn willen – eben zugunsten dessen, was aus seiner Sicht das Bessere ist.

Nach der Kommunion schaute ich zu Jesus und sagte: „Jesus, ich reise nicht, ich bleibe hier!" Plötzlich war mir bewusst, dass ich in gewisser Hinsicht selbstsüchtig gewesen war. An Tante Lizzie hatte ich nicht wirklich gedacht, sondern an mich, an mein Verlangen, sie noch einmal lebend zu sehen. Ich hatte nicht an die Tausende von Brasilianern gedacht, die mich in ihren Zeitplan aufgenommen hatten, die mich beherbergen, mir zuhören und gemeinsam mit mir diese Seelsorge erleben wollten.

Kaum hatte ich mich Jesus unterworfen, kam Frieden über meine Seele und auch eine große Freude – und das so stark, dass Ingrid und Jill bemerkten, wie froh ich aussah, als wir aus der Kirche traten. Wenn ich an diese Freude zurückdenke, die ich damals nicht erklären konnte, so kann ich Maria verstehen, was sie bei der Frage empfand, ob sie einwilligen wolle, die Mutter Jesu zu werden. Sie hatte ebenfalls ihr Leben geplant. Ich bin sicher, ihr war der Gedanke unangenehm, was Josef, ihr Verlobter, wohl dazu sagen würde, wenn er erfuhr, dass sie schwanger war. Trotzdem sagte sie ja. Sie war von beständiger Freude erfüllt – einer Freude, die sie bis ins Haus ihrer Verwandten Elisabeth trug, wo sie jubeln würde: „Meine Seele preist die Größe des Herrn und mein Geist jubelt über Gott, meinen Retter."

Jesus zwingt uns nicht. Das ist es, was der alte Priester in der Episkopalkirche gesagt hatte, als ich mit mir rang, die Gabe der Heilung anzunehmen, und nach all diesen Jahren weiß ich, dass es stimmt. Jesus zwingt uns nie. Er bittet nur! Der Allmächtige steht vor einem Menschen, den er aus dem Nichts erschaffen hat, und bittet demütig um Liebe, um Entgegenkommen, um Gehorsam.

Als wir an diesem Tag die Kirche verließen, erzählte ich Ingrid und Jill, dass ich nicht nach Hause nach Irland fliegen würde. Ich rief mein Kloster in Tampa und das Kloster in Irland an, um ihnen meinen Entschluss mitzuteilen. Dann machte ich mich ans Werk, um geistlich zu dienen.

Einige Wochen später entschloss ich mich, zu Hause anzurufen, um mit einer Freundin zu sprechen, die wie eine Schwester für mich ist. In der Meinung, dass meine Tante verstorben war, fragte ich meine Freundin: „Betty, wie stehen die Dinge?“ – „Willst du damit sagen, du hättest nichts davon gehört?“, fragte sie mich erstaunt und erzählte mir gleich, dass meine Tante zum Erstaunen aller, einschließlich des Arztes, noch am Leben war. Dann berichtete mir Betty die Ereignisse des Tages, an dem man mit dem Ableben von Tante Lizzie gerechnet hatte. Es war derselbe Tag, an dem ich mich entschieden hatte, nicht nach Hause zu fahren, sondern dem Herrn zu gehorchen.

Der Arzt stand über ihr Bett gebeugt und sprach mit der Krankenschwester. Er sagte, Tante Lizzie läge im Koma und habe nur noch kurze Zeit zu leben. Plötzlich öffnete Tante Lizzie ihre Augen und fragte: „Na, Herr Doktor, wie geht es Ihnen und Ihrer Familie, und was macht Ihre Tochter?“ Der Arzt war so erschrocken, dass er aus dem Zimmer lief und eine andere Schwester hineinschickte, um meine Tante zu untersuchen. Als die Schwester eintrat, deutete Tante Lizzie auf ein Nichtraucherschild im Zimmer und sagte: „Ach, meine Liebe, würden Sie bitte das Schild umdrehen, mir ein Tässchen Tee und eine Zigarette bringen. Ich muss Tee und eine Zigarette haben!“ Tante Lizzie war meilenweit entfernt vom Sterben!

Als mir Betty diese wunderbaren Neuigkeiten am Telefon mitteilte, hörte ich Jesus in mein Ohr flüstern: „Siehst du, Briege, hast du dir wirklich eingebildet, du könntest mich an Großzügigkeit übertreffen?“ Da aber Tante Lizzie das kritische Stadium noch nicht überstanden hatte, flog ich, nachdem ich in Brasilien fertig war, nach Hause, um sie zu besuchen. Ich ging ins Krankenzimmer und sagte: „Tante Lizzie, hier bin ich, um dich zu besuchen!“ Sie blickte auf und antwortete: „Ich weiß, und es wird auch Zeit! Ich habe sieben Wochen lang darauf gewartet, dass du endlich kommst!“ Dann zog sie mich an sich und flüsterte: „Ich war auf dem Weg zu Jesus und ich war bereit zu gehen, doch er sagte zu mir: Nein, Lizzie, ich möchte, dass du auf Briege wartest, bis sie heimkommt, und danach will ich dich zu mir holen.“ Dann fuhr sie fort: „Jetzt hast du mich lebend gesehen, und ich kann nicht ewig leben. Sprich ein kleines Gebet für mich und die anderen hier“ – und sie sagte mir, woran all die anderen im Zimmer litten – „und dann geh zurück nach Amerika und tu das für Jesus, was du ihm versprochen hast.“ Sie küsste mich, und ich ging.

Zwei Tage nach meinem Rückflug nach Tampa ging Tante Lizzie heim zum Herrn. Als ich die Nachricht von ihrem Tod erhielt, war ich gerade unterwegs zu einem Auftrag in New Orleans. Ich erinnerte mich der großen Freude, die ich empfand, und ich hörte den Herrn sagen: „Du kannst meine Großmut niemals kennenlernen, wenn du mich nicht an die erste Stelle setzt!“

Ein anderes Erlebnis ist geeignet, die Wichtigkeit unseres Vertrauens auf den Herrn zu unterstreichen und zu zeigen, dass man sich ihm überlassen sollte. Ich war während der Bischofssynode von 1977 in Rom. Kardinal Suenens hatte einige von uns nach Rom eingeladen, um beim Herrn für die Bischöfe Fürbitte zu halten, während sie die Angelegenheiten der Kirche diskutierten. Während des Abendessens am ersten Tag in Rom wurde mir meine Brieftasche aus der Handtasche gestohlen. Ich verlor meine Reiseschecks, ungefähr 300 Dollar Bargeld, meinen Führerschein und ein paar Fotos, an denen ich sehr hing. Ich habe viele Vorträge über das Gottvertrauen gehalten und betont, alles Vertrauen auf ihn zu setzen, weil er uns nie im Stich lassen wird. Das sind wunderbare Worte! Doch es ist eine Sache, darüber zu reden, und eine ganz andere, auf die Probe gestellt zu werden.

Margie Grace war bei uns in Rom. Sie hatte mich vor Taschendieben gewarnt. Ich ging zu Margies Zimmer und klopfte an die Tür. Meine Geschichte muss auf meinem Gesicht gestanden haben, denn als sie dic Tür öffnete, sagte sie: „Man hat dich bestohlen!" Margie beruhigte mich. Über die Jahre hinweg ist sie mir in vielerlei Hinsicht wie eine Mutter gewesen, erteilte mir stets klugen Rat und betete für mich. Am nächsten Tag gingen wir zur Polizei, um den Diebstahl der Brieftasche zu melden. Freilich konnte ich den Dieb nicht beschreiben. Ich wusste nicht, wer meine Briefrasche gestohlen hatte, und genauso wenig, was sonst noch in meiner Handtasche war. Doch ich wusste, dass es geschah, als eine Gruppe Zigeuner uns im Restaurant belästigte. Die Sache sprach sich herum, und alle versprachen, für mich zu beten, und sie rieten mir, dem Herrn zu vertrauen, der für mich sorgen würde. Ich glaubte das wohl, konnte aber doch nicht umhin zu denken: „Bis jetzt habe ich aber keinen roten Heller wiedergesehen!“

Doch der Herr war bereits am Wirken. Ein Franziskanerpater, Dermot Ryan, machte eine Wallfahrt von Irland nach Rom und Assisi. Vieles geschah, und als er in Assisi ankam, war dort ein Eisenbahnerstreik, so dass er sein Geld nicht für eine Fahrkarte ausgeben konnte. Jemand bot ihm an, ihn nach Rom mitzunehmen, doch als er zahlen wollte, weigerte sich die Person, Geld von ihm anzunehmen. Auch dort, wo er wohnte, wollte man kein Geld von ihm. Als er seinen Geldumschlag anschaute, sagte er zu sich: „Ganz egal, wem ich das Geld anbiete, ich kann es einfach nicht loswerden!“

Während der Tagesmesse in der Basilika Santa Clara empfing er eine unmissverständliche Weisung, das Geld sei für mich bestimmt. Er wusste noch nicht einmal, dass ich in Rom war. Bei seiner Ankunft hörte er, ich sei auch dort, daher besorgte er sich meine Anschrift und besuchte mich. Als ich ihn an der Rezeption des Hotels traf, händigte er mir einen Umschlag aus und sagte: „Briege, ich erhielt die Weisung, dass dieses Geld für Sie ist!“ Als ich den Umschlag öffnete, entdeckte ich, dass sein Inhalt fast auf den Cent genau der Geldsumme entsprach, die mir gestohlen worden war.

Dies war noch nicht das Ende der Großmut des Herrn. Freilich waren mir meine Reiseschecks erstattet worden; überdies beschloss Margie Grace in ihrer Großzügigkeit, mir noch einige Reiseschecks zu besorgen für den Fall, dass wieder etwas passieren sollte. Alles endete damit, dass ich Rom mit mehr Geld verließ, als ich nach Rom mitgebracht hatte, obwohl ich bestohlen worden war. Kardinal Suenens sagte, als ich in der Gruppe von Betern darüber Zeugnis ablegte: „Lassen Sie es sich nicht zur Gewohnheit werden, ausgeraubt zu werden, denn so geht das nicht jedes Mal aus!"

Diese beiden Erfahrungen nahmen zwar ein glückliches Ende, doch sie stellten mein Vertrauen auf den Herrn auf die Probe. Der Herr hatte noch eine recht schmerzliche Lektion für mich bereit, um mich die Bedeutung und den Wert des Kreuzes zu lehren.

Das Kreuz tragen

Jesus sagte zu seinen Jüngern, sie sollten das Kreuz auf sich nehmen und ihm nachfolgen. Das gilt auch noch für uns heute. In unserer Hingabe begegnen wir dem Leid. Wir treffen auf das Kreuz.

Heutzutage wollen sich die Menschen nur zu ihren Bedingungen verpflichten. Weil sie sich weder auf Jesus verlassen noch ihm trauen, gelingt es ihnen nicht, seinen Schutz und seine Großzügigkeit zu erkennen. Auf allen Lebenswegen treffen wir auf diese „eingeschränkte Verpflichtung“ oder „bedingte Haltung“. Keine von beiden ist wirklich Verpflichtung. Dies ist besonders in der Ehe auffallend und tragisch, wenn die Menschen eine Verbindung miteinander eingehen mit der Vorstellung, wenn es nicht klappt, können sie eben einfach auseinander gehen. Solch eine Beziehung hat keine Chance.

Manche Leute missverstehen den Stellenwert des Kreuzes im christlichen Leben. Zuweilen meinen sie, das Christentum verspreche, aus Unbequemlichkeit, Missvergnügen, Armut, Schmerz und Langeweile herauszukommen. Diese Art von Spiritualität ignoriert Jesu ausdrückliche Feststellung, dass wir verfolgt werden, sowie seinen Aufruf, unser Kreuz auf uns zu nehmen, wenn wir ihm nachfolgen wollen. In meinem eigenen Leben gab es, obwohl ich mein Leben Jesus übergeben hatte, Zeiten des Leids und Augenblicke, in denen ich Versuchungen, Enttäuschungen, Zurückweisungen und Missverständnisse, große Herausforderungen und unvermeidbares Leiden zu bekämpfen hatte. Am lebendigsten erfuhr ich die Herausforderung zum Glauben und das Kreuztragen beim Tod meines Vaters.

Mein Vater war ein starker Mann, ein Bauer. Er starb unerwartet in einer Winternacht, als er vom Besuch bei Freunden nach Hause kam. Als er die Treppe zum Haus heraufkam und die Tür öffnen wollte, erlitt er einen Schlaganfall. Die ganze Nacht lang lag er da, allein und hilflos, ja unfähig, nach Hilfe zu rufen. Dabei wohnten mein Bruder und seine Familie gerade gegenüber. Am nächsten Morgen wurde er tot aufgefunden. Er war erfroren.

Mein Vater starb, als ich eine Zeit der Ruhe und Sammlung im Haus von Doris und Francis Meagher, zwei lieben Freunden in Clearwater, Florida, verbringen wollte. Ich flog zur Beerdigung nach Irland. Als ich über den Tod meines Vaters nachdachte, fragte ich mich, wie dies geschehen konnte. Ich war schon am Bett vieler Sterbender gestanden, hatte sie getröstet und ihnen geholfen, sich auf die Begegnung mit Jesus vorzubereiten. Aber dass mein eigener Vater so sterben musste, allein und ohne seine Familie um ihn herum, das Heim meines Bruders vor Augen, und niemand war da, um ihn zu trösten – wie konnte das geschehen?

Durch meinen Glauben an Jesus konnte ich den Tod so sehen, wie ein Glaubender ihn sehen muss: Es öffnet sich nur eine Tür! Die Art, wie mein Vater starb, war tragisch, doch andererseits hätte er auch jahrelang mit unerträglichen Schmerzen bettlägerig sein können. Der Herr holte ihn schneller durch die Pforte des Todes – und zu sich, wie er lebte: auf dem Weg, mit dem Schlüssel in seiner Hand. Er ist nun beim Herrn, und das ist weitaus besser als alles, was uns auf Erden geboten wird.

Durch diese Erfahrung erkannte ich, dass der Tod wie ein Geborenwerden ist. Ein Baby im Mutterschoß ist sicher und geborgen. Wenn ein Baby reden könnte, würde es gewiss sagen, dass es den Schoß nicht verlassen und lieber nicht die Chance wahrnehmen möchte zu sehen, was alles in der Welt vorgeht, weil es von dort keine Rückkehr mehr gibt. Durch unseren Glauben an das ewige Leben können wir die Welt wie einen Schoß ansehen, in dem wir auf die Geburt in ein neues Leben vorbereitet werden. Wie das Baby wollen wir nicht durch die Pforte des Todes gehen, hinein in das andere Leben. Es ist das Unbekannte. Trotz unseres Glaubens zögern wir, den entscheidenden Schritt zu tun. Und doch würde jeder Mensch, der durch die Pforte des Todes in die Arme Jesu gegangen ist, sagen, dass er niemals zurückkehren möchte.

Trotz meines Glaubens und des tieferen Verständnisses, was der Tod bedeutet, wurde meine Trauer nicht leichter. Als ich von zu Hause wegging, um meine Sendung nach Brasilien von den USA aus aufzunehmen, überwältigte mich eine Woge der Trauer und Einsamkeit. Ich erinnerte mich, dass Pater Kevin bei mir saß, als ich in Dublin auf den Abflug wartete und weinte. Ich musste die Trauer nur herauslassen. Ich musste in der Lage sein, diese Trauer auszudrücken. Manche Menschen verstehen nicht, dass Trauer ein natürliches Gefühl ist, das ausgedrückt werden muss. Weil dieser gute Freund zuhören und mich weinen lassen konnte, spürte ich durch ihn – einem Freund, einem Gläubigen und einem Priester – die Kraft des Herrn in mich fließen. Ich war fähig, dem Herrn dieses Leid als mein Gebet anzubieten und als Vorbereitung auf meine Seelsorge in Brasilien. Durch meine Leere und weil ich mich völlig auf ihn verlassen musste, weil ich meine Gebrochenheit und mein Menschsein annahm, war Jesus in der Lage, sein Volk durch mich auf viele wundersame Weisen zu berühren.

Der Sieg der Treue

Das Leid in meinem Leben lehrte mich, weshalb wir das Kreuz nicht vermeiden können. Wir drücken den Glauben an den Sieg des Kreuzes und an die Auferstehung auch durch unsere Verpflichtungen im Alltag aus, in der Ehe genauso wie in unseren Beziehungen zu kirchlichen und anderen Vorgesetzten.

Es gibt vielerlei Möglichkeiten, meine Bindung an Jesus auszudrücken. Als Ordensfrau sehe ich sie ausgedrückt in meinen Gelübden und in meiner Hingabe im Orden der heiligen Clara. Die Schwestern der heiligen Clara sind meine neue geistliche Familie, die Familie der Klarissinnen. Wir Frauen haben unser Leben unserer Berufung zur Heiligung und Ehelosigkeit geweiht und teilen dieselbe Lebensweise. Meine Hingabe Jesus und meinem Orden gegenüber berühren nicht nur mein eigenes Leben, sondern genauso das Leben meiner Mitschwestern. Tatsächlich beeinflussen sie sogar die ganze Kirche durch ihr Gebet, Zeugnis und durch ihren Dienst.

Die Mitglieder einer Familie beeinflussen sich im Leben gegenseitig. Sie rufen einander zur Heiligkeit auf und fordern einander heraus. Das gilt für natürliche

Familien wie auch für Ordensfamilien. Ich habe mich verpflichtet, nach meinen Gelübden zu leben und meinem Orden innerlich nahe zu bleiben. Das verwirkliche ich auf zweierlei Art:

Zum einen reise ich viel und bin nicht immer in meiner Gemeinschaft anwesend. So habe ich meine Erfahrungen mit meiner Gemeinschaft zu teilen. Sie hat ein Recht darauf, denn durch ihr Gebet sowie durch Gegenseitigkeit und Einheit, die aus unserem Ordensleben geboren wird, ist sie ebenso Teil meines geistlichen Dienstes wie ich Teil des ihren bin. Ich gehe nicht aus eigenem Entschluss in die Welt hinaus. Sie sendet mich im Namen des ganzen Ordens aus. Was eine jede von uns tut, wird im Geist und unter Weisung der Gemeinschaft getan. Die Vorgesetzten dienen der Gemeinschaft, indem sie Anweisungen geben und die Begabungen fördern, all das im Licht unserer Erkenntnis vom Dienst in und an der Kirche, zur Ehre Gottes.

Zum anderen bleibe ich durch mein Gelübde des Gehorsams eng mit meiner Gemeinschaft verbunden. Ich habe mich selbst, alle Stimmen und Visionsbilder, die ich in diesem Buch erwähnt habe, der Beurteilung durch meine Generaloberin und ihrer Beraterinnen zu unterstellen. Ich ziehe nicht aufs Geratewohl in die Welt, einfach weil ich mir einbilde, Gott sage es mir. Ich berichte meiner Generaloberin stets das, von dem ich meine, dass Gott es zu mir gesagt hat, wobei ich mich vollkommen ihrer Entscheidung unterwerfe. Zumeist erhalte ich ihre Zustimmung zu dem, was ich glaube, tun zu müssen. Es kommt aber auch vor, dass sie ihre Zustimmung verweigert.

Vor einigen Jahren wurde ich nach Australien eingeladen. Ich sagte es meiner Oberin und erwartete ihre Zustimmung, wie üblich. Dieses Mal sagte sie jedoch: „Ich habe gebetet und ich glaube nicht, dass du nach Australien reisen solltest. Es ist nicht die richtige Zeit dafür.“ Normalerweise würde man jetzt fragen: „Wieso denn? Es scheint doch eine gute Sache zu sein! Man will in Australien das Evangelium hören!“ Doch ich glaube an das, was die große heilige Katharina sagte: Man kann nämlich immer einen Fehler machen und man kann gar nicht sicher sein, Gott zu hören, wenn man Stimmen hört. Immer aber kann man seine Mutter Oberin darum bitten, ihre Worte zu wiederholen, damit man sicher ist, was sie damit meint. Das ist das Gute am Gehorsam. Man kann sich stets vergewissern, dass man richtig gehört hat.

Ich nahm ihre Entscheidung als den Willen Gottes an. Drei Wochen später traf ich in Kalifornien Agnes Sandford, die große Wegbereiterin des Heilungsdienstes in der Anglikanischen Kirche. Während sie mit mir betete, erhielt sie ein Wort vom Herrn. Ich hatte ihr nichts von Australien erzählt, aber sie sagte: „Die Zeit für dich, nach Australien zu reisen, ist noch nicht gekommen. Gott wird dich nach Australien bringen, aber es liegt nicht in seinem Plan, dass du jetzt gehst, und er möchte, dass du dich frei fühlst bei dem, was dir schon aufgetragen worden ist." Ich erzählte ihr von meiner Generaloberin. Ihre Antwort lautete: „Ist es nicht großartig, wie man Gott durch den Gehorsam wirken sehen kann?"

Ich stimme dieser Feststellung wirklich zu. Der Gehorsam ist nichts, was die Leute erstickt. Der Gehorsam befreit die Menschen. Er schwächt die Menschen nicht, sondern stärkt sie. Der Gehorsam veredelt den Zusammenhalt der Gemeinschaft. Die Autorität eines Oberen beruht auf der Gemeinschaft.

Bedenken wir die Geschichte des Hauptmanns von Kafarnaum. Er sagte, Jesus müsse nicht zu seinem kranken Diener hingehen, um jenen zu heilen. Jesus sollte nur befehlen, dass der junge Mann gesund werde, dann sei er geheilt: „Auch ich muss Befehlen gehorchen und ich habe selbst Soldaten unter mir; sage ich nun zu einem: Geh!, so geht er, und zu einem andern: Komm!, so kommt er, und zu meinem Diener: Tu das!, so tut er es. Sprich nur ein Wort, dann wird mein Diener gesund" (vgl. Mt 8,8-9).

Der Hauptmann wusste: Wenn er im Gehorsam gegen den Kaiser stand, hatte er auch die Autorität des Kaisers. Im Namen des Kaisers konnte er vieles vollbringen. Genauso verhielt es sich mit Jesus. Weil Jesus als Mensch dem Vater vollkommen hingegeben und gehorsam war, hatte er die Vollmacht des Vaters. Er konnte heilen. Er konnte Tote auferwecken. Er konnte die Blinden sehend machen, die Leprakranken und die Lahmen heilen. Nichts war Jesus unmöglich, denn durch den Gehorsam war er mit der vollen Kraft und Autorität des Vaters versehen.

So ergeht es den Christen, die dem Herrn gehorchen. Darum kann der Herr durch seine Jünger predigen, lehren, heilen, trösten und ermahnen, eben weil die Kirche dem Herrn gehorsam ist. Wenn Christen wirklich glauben, was Jesus lehrte, dann werden sie der Kirche gehorchen, weil die Kirche genau diese Vollmacht Jesu hat, um die Christen in der Welt zu weiden, zu leiten und zu regieren.

Wie ich schon sagte, gehorche ich als Schwester der heiligen Clara dem Herrn, den ich kenne und persönlich liebe. Er liebt mich und gibt sich mir zu erkennen. Überdies könnte ich als Angehörige des Ordens der heiligen Clara keinen Heilungsauftrag haben, wenn ich mich nicht seiner Autorität unterwerfen würde, die sich durch meine Oberen kundtut. Ebenso könnte ich keinen Heilungsdienst ausüben, wenn ich mich als Klarissin von meinen Mitschwestern abgehoben sähe. Ich kann nicht als Klarissin dienen, wenn ich aufhöre, eine Klarissinnenschwester zu sein. Ein Vorteil des Gehorsamsgelübdes besteht darin, dass es uns hilft, unsere eigenen Erkenntnisse an denen der Gemeinschaft auszurichten. Autorität, korrekt ausgeübt und wertgeschätzt, ist eine Quelle der Einheit, der Kraft und der Stärke.

Dasselbe gilt für Eheleute. In einer Ehe sollte es gegenseitigen Respekt und Liebe geben. Jede christliche Ehe hat die Sendung, Christus in der Welt gegenwärtig zu machen. Mann und Frau müssen beständig ihre eigenen Eingebungen mit denen des anderen abstimmen, um die Einheit, die Vision und die Wirkung ihrer Liebe auf die Mitmenschen und die Kirche zu bewahren. Wir ehren die Treue, indem wir treu sind; es gibt keinen anderen Weg. Unseren Glauben zu leben heißt, ihn zu feiern. Wenn Menschen lieben, so heiraten sie und in der Vereinigung ihres Geistes und ihres Leibes feiern sie die Liebe.

Wir haben den Glauben, und wir feiern diesen Glauben, indem wir in Liebe und Anhänglichkeit am Gegenstand unseres Glaubens festhalten: an Jesus, unserem Herrn. Für Jesus ist das endgültige Liebeswort sein Kreuz. Für uns ist der größtmögliche Liebesbeweis Jesus gegenüber, seinen Willen zu tun, egal, was dies kostet, auch wenn es oft das Kreuz für uns ist.

Ein Wegweiser zu Jesus

Am Ende dieses Buches möchte ich jeden an etwas erinnern, was ich zuvor schon dargelegt habe. In diesem Buch gab es eine Menge über meine Art des Betens, über meine Spiritualität, meine Visionen und die inneren Stimmen zu lesen. Bitte denke jetzt nicht, du müsstest dieselben Erfahrungen machen.

Gott spricht zu jedem von uns auf seine eigene Weise. Ich habe eine lebendige Vorstellungskraft und liebe Geschichten. Gott benutzt dies, um mir beim Verbreiten des Glaubens zu helfen. In der Geschichte sowie heutzutage gibt es viele Heilige, die weder Stimmen hörten noch Visionen oder Eingebungen haben können oder wollen. Viele Heilige schreiten durch ihr Leben und haben sehr wenige „Gipfelerlebnisse“. Die große heilige Theresa beschwerte sich über lange Zeiten geistlicher Trockenheit, in denen sie nie bewusst die Gegenwart Gottes oder irgendeine andere Art geistlicher Tröstung erfuhr.

Kopiere niemand anderen! Wie Mutter Angelica sagt: „Die beste Art des Betens ist die Art, durch die du am besten betest!“

Ich möchte dieses Buch mit zwei Texten beschließen. Erstens ist – wie ich meine – die Passage im Ersten Brief an Timotheus 6,12-16, eine wunderschöne Schlussfassung dieser Diskussion über den Gehorsam. Diese Stelle hilft uns, besser zu verstehen, was es bedeutet, ein Wegweiser zu Jesus hin zu sein. Zweitens habe ich meinen Mitautoren Henry Libersat gebeten, ein Nachwort zu verfassen, das bezeugen wird, wie Gott in seinem Leben wirkte, seit wir uns das erste Mal begegneten und vor zehn Jahren zusammen gebetet haben.

Ich bete darum, dass dieses Buch uns allen helfe, im Glauben zu wachsen und die Bedeutung des Lebens im Herrn, durch den Herrn und für den Herrn besser zu erkennen. Ich bete darum, dass ihr alle füreinander betet, besonders aber für jeden im geistlichen Dienst Tätigen, einschließlich meiner selbst. Ich bitte euch, für alle Priester zu beten, die Kirche zu achten und eng mit den Sakramenten verbunden zu bleiben.

Als Christen sind wir dazu aufgerufen, ein Zeichen der Gegenwart Gottes zu sein. Durch Glauben und Gehorsam, im Geist Jesu gesandt, haben wir gewaltige Macht und die Berufung und die Gelegenheit, viel Gutes in der Welt zu tun und Seelen zu Gott zu bringen. Bitte bete darum, dass ich in meinem Dienst immer ein Wegweiser zu Jesus hin sein werde!

„Kämpfe den guten Kampf des Glaubens, ergreife das ewige Leben, zu dem du berufen worden bist und für das du vor vielen Zeugen das gute Bekenntnis abgelegt hast. Ich gebiete dir bei Gott, von dem alles Leben kommt, und bei Christus Jesus, der vor Pontius Pilatus das gute Bekenntnis abgelegt hat und als Zeuge dafür eingetreten ist: Erfülle deinen Auftrag rein und ohne Tadel, bis zum Erscheinen Jesu Christi, unseres Herrn, das zur vorherbestimmten Zeit herbeiführen wird der selige und einzige Herrscher, der König der Könige und Herr der Herren, der allein die Unsterblichkeit besitzt, der in unzugänglichem Licht wohnt, den kein Mensch gesehen hat noch je zu sehen vermag: Ihm gebührt Ehre und ewige Macht. Amen."

Nachwort

Als ich 1974 zum ersten Mal von Schwester Briege McKenna O.S.C. hörte, war ich sehr skeptisch. Doch hatte ich als Herausgeber der Wochenzeitung *The Florida Catholic*, die in fünf Diözesen Floridas vertrieben wird, häufig Gelegenheit, Geschichten über sie zu lesen. Im Sommer des Jahres 1976, ich war gerade 42 Jahre alt, schrieb einer unserer Reporter eine neue Geschichte über Schwester Brieges geistliches Wirken, die mich so bewegte, dass ich ihr schreib und sie um Fürbitte bat.

Ich musste mich dieses Jahr mit einigen äußerst wichtigen Fragen in meinem Leben auseinandersetzen. Ich fragte mich, ob ich wirklich an Jesus Christus glaubte, ob ich daran glaubte, dass er lebt und sich wirklich darum kümmert, was mit mir geschieht. Ich war seit siebzehn Jahren in der katholischen Pressearbeit und besuchte regelmäßig die Sonntagsmesse. Ich hatte katholische Glaubenslehre unterrichtet und galt allgemein als „anständiger katholischer Herr". Aber ich war unglücklich und begann mir klar zu werden, dass ich Alkoholiker war.

Ich sah viele Katholiken, deren Leben durch Gebet erneuert worden war, und diese sprachen von Wundern und Heilungen. Schon immer hatte ich mich gewundert, warum es in unseren Tagen keine Wunder gab, wenn dies tatsächlich dieselbe Kirche ist wie zur Zeit Jesu.

Durch den Artikel meines Reporters bewegt, schrieb ich an Schwester Briege und berichtete ihr, dass ich das

Gefühl hatte, ich hätte eine Barriere in mir, die mich davon abhielt, Gott wirklich zu kennen. Sie schrieb zurück, dass sie für mich beten werde. Nach einer Weile rief ich sie an, und sie betete mit mir. Soviel Gebet und keine Wunder! Ich fühlte mich Gott nicht näher. Ich trank immer noch, obwohl ich ihr das nie erzählte. Ich wollte ein Wunder. Wieso erhielten andere Leute Wunder und ich nicht?

Obwohl ich Laie war, predigte ich im Auftrag von *The Florida Catholic* in den Sonntagsmessen. Am 30./31. Oktober war ich zur Predigt in Tampa eingeteilt. Ich rief Schwester Briege an und sie sagte zu, mich zu treffen – was sie selten tat – und zwar in der Kirche zu einer privaten Gebetsstunde.

Nachdem ich am Sonntag um 10.30 Uhr gepredigt hatte, verließ ich die Kirche und begegnete Schwester Briege zum ersten Mal. Sie sah normal genug aus, trug einen blauen, modernen Habit und hatte ein lockeres Lächeln. Außerdem strahlte sie einen besonderen Frieden aus. Wir gingen in einen Raum hinter der Kirche, und ich erklärte ihr nochmals, dass ich Gott wirklich liebte und mich ihm übergeben wollte. Ich erinnere mich genau. Ich habe oft genug darüber geschrieben und diese Erfahrung in ganz Florida, an vielen Orten in den USA, in Brasilien und Peru weitergegeben. Schwester Briege ergriff meine Hände und sagte: „Henry, am Schwierigsten ist es zu vertrauen!“

Sie erklärte, dass wir nicht einmal Menschen vertrauen können, die wir sehen, und sagte: „Henry, wie schwer muss es für dich sein, einem Gott zu trauen, den du nie gesehen hast." Sie betete ein schönes Gebet für meine Frau Peg und für mich, für unsere Ehe und für unsere Kinder. Sie bat den Herrn, mir die „wunderbare Gabe des Gebets" zu schenken.

Ich merkte, wie sich ein tiefer Friede in mir ausbreitete. Sie sagte: „Henry, ich sehe dich mit dem Herrn allein, der Herr erscheint als Herz-Jesu. Er sagt dir gerade: ‚Mein Sohn, das Kind, um das du und deine Frau sich solche Sorgen gemacht haben und für das ihr gebetet habt – macht euch keine Sorgen mehr um ihn, ich habe meinen Arm um ihn gelegt und es geht ihm gut.'" Jetzt weinte ich. Ich hatte Schwester Briege nichts über unser Kind gesagt, das gerade so schwierige persönliche Probleme hatte.

Sie fuhr fort zu beten: „Henry, ich sehe dich wieder allein mit dem Herrn, und er hat seinen Arm um dich gelegt und sagt gerade: ‚Mein Sohn, der Verwandte, der sich von der Familie und von der Kirche abgewandt und euch so sehr verletzt hat – gräme dich nicht um ihn! Mein Arm hält ihn umfangen, und es geht ihm gut.'" Wiederum hatte ich Schwester Briege nichts über jenen Verwandten erzählt.

Mir war, wie wenn ein helles oder sanftes Licht mein ganzes Wesen erfüllte. Ich wusste, dass Gott mich kannte, dass er mich liebte. Er wusste, wo es mir wehtat. Er offenbarte sich durch Schwester Briege, durch diese gewaltige Gabe der Innenschau, des „Wortes der Erkenntnis" oder der „Prophetie" – mir ist egal, wie man es nennt. Dies ist Realität – und es ist ein Segen für verwundete Menschen, für Verirrte und Kranke, für Menschen auf der Suche und für Sterbende.

Dann sah Schwester Briege ein anders Bild: „Ich sehe dich auf einem Berggipfel. Du bist mit dem Herrn dort und an der Flanke des Berges sind viele Leute, die auf den Berg gelangen und beim Herrn sein wollen. Ich sehe, wie du sie rufst, aber sie sind verängstigt und sie rennen hinter die Felsen, in Bergspalten und an schattige Stellen und verbergen sich. Henry, der Herr beruft dich zu einer großen Arbeit!“

Dies war der Moment, in dem ich wirklich die Gegenwart Jesu empfand. Ich hatte viel Segen in meinem Leben empfangen: gute Eltern, eine großartige Frau und wunderbare Kinder. Ich glaubte an Gott und war ein praktizierender Katholik, doch ich war mir nie zuvor der Macht einer getauften Seele bewusst geworden, wie auch der Behutsamkeit und der Unmittelbarkeit Gottes.

Ich trank immer noch. Irgendwann im Sommer 1977 rief ich meine Freundin Briege an. Wir waren tatsächlich Freunde geworden. Ich sagte: „Briege, ich wollte es dir ja nie zuvor eingestehen, aber ich habe ein Problem mit dem Trinken.“ Sie begann augenblicklich zu beten, und erhielt ein neues Bild, von dem ich mir in dem Moment wünschte, sie hätte es nicht. Sie sagte: „Henry, ich sehe, wie du eine lange Straße hinab gehst. Da ist eine große, tiefe Grube in der Strasse, und ich sehe, wie du hineinfällst. Du versuchst herauszukommen, aber sie ist zu tief und zu steil. Deine Hände sind aufgeschlagen und bluten. Du bist so müde, dass du nicht mehr stehen kannst, und du fällst und rollst auf den Rücken. Ich sehe, wie du mit letzter Kraft deine Hand zum Himmel streckst und Gott anflehst – und ich sehe, wie seine Hand herabkommt und dich aus der schrecklichen Grube heraushebt."

Es ist nicht nötig, auf Einzelheiten einzugehen. Ich möchte nur sagen, dass ich am 2. September 1977 meinen letzten Schluck getrunken habe. Ich ging am Sonntag, dem 4. September, zu einer Versammlung der „Anonymen Alkoholiker". In jener Nacht war ich gerade am Einschlafen. Plötzlich sprang ich im Bett auf und rief: „Liebes, ich bin geheilt!" Peg sagte: „Ja, ich weiß!"

Das Leben im Geist Jesu ist bisher eine erschütternd aufregende Erfahrung gewesen. Peg und ich sind uns näher gekommen. Wir standen die vier Jahre der Ausbildung durch, von 1982 bis 1986, und dann wurde ich am Pfingstsonntag, dem 18. Mai 1986, zum Diakon geweiht. Peg und alle unsere Kinder – bis auf eines – waren da. Einige von Pegs Verwandten waren auch gekommen. Mein neunzig Jahre alter Papa war da. Und Briege war da, gleich neben Peg.

Wir teilen die Weltgeschichte ein in „vor Christus" und „nach Christus". Ich aber teile mein Leben auch ein in „vor Briege" und „nach Briege". Es hätte mir keine größere Ehre erwiesen werden können, als dass sie mich darum bat, ihr bei diesem Buch zu helfen: Wunder geschehen wirklich!

Henry Libersat, Diakon

Empfehlenswerte Bücher und Kleinschriften

Ich will selbst kommen!

P. Kevin Scallon C.M.

Seit vielen Jahren steht P. Kevin als Priester im Dienst an den Menschen auf fast allen Kontinenten. Er schildert Situationen, in denen Jesus selbst gekommen ist, um Hilfe zu bringen und durch das Wirken der Priester Heilung, Befreiung und Versöhnung zu bewirken. Ein faszinierendes Buch, gewürzt mit Anekdoten aus P. Kevins Leben. Äußerst empfehlenswert für Laien und Priester!

224 Seiten, broschiert; € 10,–

Mutter Teresa – ein Zeugnis selbstloser Liebe

Paul-H. Schmidt

Ein liebevoller Abriss des Lebens der heiligmäßigen Frau aus Kalkutta, die am 19. Oktober 2003 seliggesprochen wurde. Durch viele Zitate findet man einen persönlichen Zugang zu ihrem Wesen. Wie kaum ein anderer Mensch unserer Tage verkörperte die Ordensgründerin und Friedensnobelpreisträgerin eindrucksvoll die Einheit von Beten und Handeln. Die Neuauflage wurde mit einer Novene erweitert, die auf dem Leben und der Spiritualität Mutter Teresas basiert. 64 Seiten; € 2,50

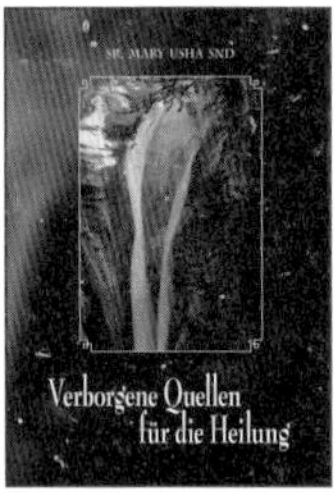

Verborgene Quellen für die Heilung

Sr. Usha SND

Sr. Usha beschreibt, wie Verletzungen zwischen Generationen weitergegeben werden, wie unser Verhalten aus Kindheitsgeschichten beeinflusst wird, wie Träume als eine Gabe Gottes verstanden werden und wie zerbrochene Beziehungen Krankheiten verursachen können. Außerdem weist Sr. Usha auf das Wort Gottes und dessen Rolle im fortdauernden Heilungsprozess hin. Dieses Büchlein ist eine Hilfe für alle, die auf dem Weg sind, Frieden zu finden. 96 Seiten; € 4,50

Jesus liebt dich!

P. Joseph K. Bill

Weltweit bekannt wurde P. Joseph K. Bill durch seine Heilungsexerzitien, mit denen er schon vielen Menschen Hilfe und Heilung schenken konnte. In diesem Buch sind seine Vorträge mit den dazugehörigen Gebeten enthalten, damit jeder, auch zu Hause, immer wieder die Kraft und das machtvolle Wirken des Heiligen Geistes erfahren kann. 224 Seiten; € 10,–

MIRIAM VERLAG

Brühlweg 1 · D-79798 Jestetten

Telefon: 0049 (0) 77 45 / 92 98 30 · Fax: 0049 (0) 77 45 / 92 98 59

E-Mail: info@miriam-verlag.de · Internet: www.miriam-verlag.de